LES

SAISONS,

Par Jacques THOMSON,

TRADUCTION EN VERS FRANÇAIS

PAR

M. Paul MOULAS,

Membre de la Société des Sciences, de l'Agriculture et des Arts,
de Lille,

PRÉCEDÉE D'UNE PRÉFACE PAR M. LE DOCTEUR LE GLAY,

ET ACCOMPAGNÉE DE QUELQUES NOTES.

LILLE,
IMPRIMERIE DE L. DANEL, GRAND'PLACE.
1853.

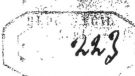

LES SAISONS.

LES
SAISONS,

Par Jacques THOMSON,

TRADUCTION EN VERS FRANÇAIS

PAR

M. Paul MOULAS,

Membre de la Société des Sciences, de l'Agriculture et des Arts,
de Lille ;

PRÉCÉDÉES D'UNE PRÉFACE PAR M. LE DOCTEUR LE GLAY,

ET ACCOMPAGNÉES DE QUELQUES NOTES.

LILLE,

IMPRIMERIE DE L. DANEL, GRANDE-PLACE.

1850.

Extrait des Mémoires de la Société des Sciences , de l'Agriculture et des Arts de Lille.

A M. MACQUART,

DIGNE CONTINUATEUR DE BUFFON,

DÉDICACE,

HOMMAGE DE VÉNÉRATION, D'AFFECTION, DE RECONNAISSANCE

De son confrère,

MOULAS.

DE THOMSON ET DE SES TRADUCTEURS,

Par M. LE GLAY (1),

Correspondant de l'Institut, Membre de la Société des Sciences,
de l'Agriculture et des Arts, de Lille.

Il est de bons esprits qui pensent que ni l'année, ni les mois,
ni les saisons ne sauraient fournir le motif spécial d'un poëme.
A les entendre, la poésie ne peut avoir rien de commun avec les
divisions du calendrier ; elle est indépendante des solstices aussi
bien que des équinoxes, et si elle aime à contempler le ciel,
c'est moins pour supputer le cours des astres que pour en admirer
le majestueux éclat et en célébrer les merveilleuses influences.
Ceux-là disent encore : avec de pareils sujets, le poëte est condamné à décrire sans cesse ; sa main ne tient plus une lyre,
mais un pinceau. Et même ce ne sont pas des tableaux d'histoire qu'il offre à notre admiration ; ce sont des paysages et
toujours des paysages. Or, on sait que *les arbres parlent peu ;* et
l'homme, quoiqu'on fasse, ne peut pas être en perpétuelle
contemplation devant les beautés de la nature. Ainsi raisonnent
les adversaires de la poésie descriptive ; mais on leur oppose
de graves arguments et surtout d'illustres exemples. De ces
exemples, le plus ancien (je n'ai garde de dire le plus remarquable), c'est le poëme d'Hésiode : *Les travaux et les jours.* Virgile et Lucrèce viennent ensuite. Puis, dans les temps modernes,
et surtout au siècle dernier, les poëtes descriptifs abondent

---

(1) Nous sommes heureux de devoir cette préface à notre honorable confrère,
M. le docteur Le Glay, qui a bien voulu en orner notre traduction.

(*Note du traducteur.*)

tellement que la nomenclature exacte en serait peut-être fort difficile. Durant ce même siècle, il a paru, ce me semble, trois poëmes bien connus ayant pour titre : *Les Saisons*.

L'un, par l'abbé de Bernis, n'est, il faut le dire, qu'une esquisse assez médiocre où le clinquant de l'expression déguise mal le vide de la pensée, et où les grandes scènes de la nature sont remplacées par des mignardises mythologiques. Les roses et les violettes y sont d'ailleurs répandues à foison ; aussi Voltaire donnait-il à l'auteur de ces vers si fleuris, le surnom de *Babet-la-bouquetière*.

Le second est un ouvrage considérable, un vrai poëme descriptif auquel Saint-Lambert travailla pendant trente ans, et dont ce poëte philosophe était lui-même si épris qu'il faisait enfermer au Fort-l'Evêque les critiques assez audacieux pour censurer son œuvre ; Clément de Dijon en fit la dure expérience.

La Harpe, qui devait à Saint-Lambert l'honneur d'être de l'Académie française, se crut obligé de louer à outrance le poëme de son protecteur. Il ne pouvait le faire qu'en décriant *Les Saisons* anglaises de James Thomson, et il n'y manqua point. On dit que plus tard La Harpe se repentit d'avoir trop vanté l'un et trop déprécié l'autre. Je ne sais d'ailleurs si La Harpe était un juge bien compétent en matière de littérature anglaise. Quoiqu'il en soit, *Les Saisons* de Thomson, encore lues et admirées de nos jours, paraissent devoir survivre à celles de Saint-Lambert, qu'on admire peu aujourd'hui et qu'on lit moins encore.

Eh bien ! ce charme des poésies de Thomson, charme si puissant sur le lecteur anglais, sera-t-il le même pour nous autres étrangers ? Oui, sans doute, pourvu que, familiarisés complétement avec l'idiome britannique, nous puissions les lire dans le texte primitif. Mais ce même intérêt ne doit-il pas subsister dans une traduction tout à la fois animée et fidèle, vrai miroir de l'original, reproduction sincère des pensées et des sentiments de l'auteur ?

Ici, la question devient plus délicate, et il est permis d'hésiter un peu avant d'y répondre.

Vers la fin de 1812, un critique célèbre (Dussault), ayant à rendre compte de la traduction de Salluste par M. de Gerlache, se mit à déclarer haut et clair que les écrivains de l'antiquité sont intraduisibles, et que tout homme qui ne peut les lire dans leur langue originale, doit renoncer à les connaître ou du moins à en apprécier les beautés.

Quand ce système, ou, si l'on veut, ce paradoxe, fut ainsi proclamé, il y eut grand scandale parmi la foule des traducteurs et parmi la foule plus nombreuse de ceux qui ne lisent que les traductions. Heureux temps où l'on se passionnait encore pour les choses littéraires, et où la société se divisait en deux camps à propos de Salluste *de bello jugurthino !*

M. Dussault, qui d'abord peut-être ne tenait que médiocrement à son idée, se sentit piqué au jeu par les clameurs de ses adversaires; et revenant sans cesse à la charge, il finit par ranger autour de lui des nombreux prosélytes. Un habile professeur, M. Planche, prêta à l'opinion de Dussault le secours de son éloquence, et dans une harangue prononcée en 1814, au grand concours de l'Université, se posa résolument comme antagoniste des traducteurs.

Au surplus, bien longtemps avant Dussault, quelqu'un avait émis la même opinion. Perrault, qu'il ne faut pas juger uniquement d'après le conte de Peau-d'âne, a dit :

> Ils devroient, ces auteurs, demeurer dans leur grec
> Et se contenter du respect
> De la gent qui porte férule.
> D'un savant traducteur on a beau faire choix,
> C'est les traduire en ridicule
> Que de les traduire en françois.

---

(1) *Entretiens sur les anciens et les modernes.* Préface.

Mais, hâtons-nous de le reconnaître, cet anathème, lancé à tort peut-être contre tous les truchements de l'antiquité, ne parut pas s'étendre aux interprètes d'ouvrages écrits dans les langues modernes. Dussault et ses disciples, sans qu'on sache pourquoi, ne poussèrent point le rigorisme jusque là. En interdisant au vulgaire *l'Iliade* et *l'Enéïde*, ils semblent lui avoir laissé *la Jérusalem délivrée* et *le Paradis perdu.* C'est quelque chose. Prenons acte de cette concession tacite, et tenons-nous pour autorisés à lire en français les productions du génie espagnol, allemand ou anglais. Ceci posé, et bien qu'à mon avis les raisonnements de Dussault soient applicables à toute traduction sans réserve aucune, je veux admettre que le poëme des *Saisons* de James Thomson est parfaitement traduisible.

C'est donc sous le bénéfice de cette tolérance qu'il faut s'enquérir des tentatives faites jusqu'à présent pour transporter dans notre langue ce poëme descriptif un peu longuet, un peu monotone.

Il en a été publié, à notre connaissance, trois traductions, deux en prose et une en vers.

La première dans l'ordre de date a paru en 1759 ; elle est anonyme ; mais on sait qu'elle a pour auteur Madame Marie Bontems, née de Chatillon. Madame Bontems crut devoir dédier son œuvre au marquis de Mirabeau, méchant homme qui se faisait appeler l'*Ami des hommes,* économiste révolutionnaire qui, suivant l'expression de La Harpe, défendait les paysans dans ses livres et les persécutait dans ses domaines.

La traductrice disait gracieusement à Mirabeau : « Thomson a » traité en poëte et en peintre de la nature les objets que vous » avez considérés en citoyen et en homme d'état. C'est l'ouvrage » de l'imagination et du goût qui vient se placer à côté du livre » de la raison et de la sagesse. »

Voici du reste le début de cette traduction qui attira chez Madame Bontems plusieurs Anglais notables, entre autres

2

Garrick, le fameux acteur, et Ed. Gibbon, si connu par son *Histoire de la décadence de l'empire romain :*

« Viens, doux printemps, fraîcheur éthérée; viens, descends
» dans nos plaines du sein de la nue, et baigne de rosée nos
» arbrisseaux. Descends : la musique des airs s'éveille autour
» de ces groupes de roses. »

Il est douteux que Gibbon, qui lui-même écrivait en français assez purement, ait goûté une traduction dont les premières lignes sont si malencontreuses. Je ne vois dans le texte ni *arbrisseaux baignés de rosée*, ni *musique des airs s'éveillant autour des groupes de roses.* On peut, par ce début, se faire une idée de l'ouvrage qui a eu pourtant plusieurs éditions, malgré la critique sévère qu'en a faite le *Censeur universel anglais* en 1786.

L'autre traduction en prose est du bon M. Deleuze, qui depuis délaissa la littérature et l'histoire naturelle pour se faire le propagateur du magnétisme animal. Elle vaut beaucoup mieux que celle de Madame Bontems, mais elle est moins connue et n'a pas été aussi souvent réimprimée. Il est vrai qu'elle est tombée depuis peu d'années seulement dans le domaine public. Messieurs les libraires aiment mieux rééditer sans frais un ouvrage très-médiocre que de payer des droits d'auteur pour la réimpression d'un bon livre.

Madame de Staël, qui aimait beaucoup le poëme des *Saisons*, et qui disait : *Les vers de Thomson me touchent plus que les sonnets de Pétrarque*, a traduit, entr'autres fragments, la délicieuse peinture de l'amour dans le mariage, qui termine le premier chant (1). M. de Chateaubriand n'a pas dédaigné non plus de mettre en français quelques passages de Thomson. (2).

Mais traduire les poëtes en prose, n'est-ce pas plutôt les

(1) *De la littérature considérée dans ses rapports avec les institution sociales*, I, 364.
(2) *Essai sur la litt. anglaise*, II.

trahir ? *traduttori, traditori.* Si la poésie est un chant , si l'auteur a cru devoir mettre ses pensées et ses impressions sous la sauvegarde de l'harmonie et de la cadence, que deviennent dans la prose ce chant, cette cadence et cette harmonie? Les versions en prose peuvent bien être utiles à ceux qui ont besoin d'aide pour comprendre l'original ; elles ne sauraient jamais en tenir lieu et ne sont propres qu'à diminuer l'estime dont jouissent pour les auteurs traduits.

Il faut donc des vers pour reproduire des vers. Fidèle à ce principe , M. J. Poulin a livré au public en 1802 une traduction en vers du poëme des *Saisons* (1). Cette œuvre , à-peu-près inconnue dans le monde littéraire, méritait un sort meilleur ; elle méritait du moins que la critique l'examinât sérieusement. Écrite en Angleterre durant l'émigration , elle est remarquable , sinon par une diction toujours très-élégante et un coloris toujours bien poétique , du moins par un caractère constant de fidélité dans la pensée et de convenance dans le style.

Du reste , avouons-le , l'œuvre de M. Poulin n'est pas assez parfaite pour décourager les traducteurs futurs. Il s'en présentera donc, gardons-nous d'en douter. Il s'en est même déjà présenté ; témoin M. de La Renaudière.

Le fameux bibliomane Dibdin , voyageant en Normandie au mois de mai 1818 , rencontra à Vire M. de La Renaudière, littérateur déjà connu alors pour sa belle édition des poésies d'Olivier Basselin. « Il me confia » , dit le touriste anglais, « qu'il avait traduit Thomson en vers et qu'il se proposait » de publier sa traduction. Je le pressai de m'en réciter » quelques fragments; ce qu'il fit sur l'heure et avec éner » gie. Je remarquai dans sa version une heureuse fidélité » qui m'enchanta. Il entend parfaitement l'original ; je croi-

---

(1) In-8.º Paris , veuve Durand. — 240 pages , plus 14 pages liminaires , avec quatre gravures.

» rais même qu'il l'a surpassé dans la description de cette
» cataracte qui se trouve au chant de l'été. » (1) M. de La Renaudière, dont les travaux ont pris ensuite une direction toute
différente, a toujours gardé en portefeuille sa traduction de
Thomson, de sorte que, nonobstant le suffrage du révérend
Dibdin, il faut la regarder comme non avenue.

Un effort nouveau vient d'être fait pour enrichir la France
d'une version poétique de Thomson. Aujourd'hui plus que jamais
une telle entreprise est digne d'éloges, parce qu'elle est aujourd'hui plus périlleuse que jamais. Applaudissons donc au
courage de l'auteur, en faisant des vœux pour que bientôt le
public lettré applaudisse à son talent.

(1) *Voyage bibliographique*, II, 256.

LES SAISONS,

Par Jacques Thomson,

Traduites en vers français par M. Paul Moulas, Membre résidant.

Séance du 5 avril 1850.

A AMANDA.

Dans cet hommage, ô soyez pour moitié ;
Je vous le dois ainsi qu'à l'amitié,
Chère Amanda ; prenez aussi mon âme
Qui du poëte entretenait la flamme ;
Que s'unissaut par un lien commun,
Avec la vôtre elle ne fasse qu'un :
Si dans mes vers se montre le génie ;
Sortis du cœur, s'ils ont quelque harmonie,
A vous l'honneur d'un prestige aussi doux ;
Car ce génie et ce cœur sont à vous.

---

(1) Ces vers n'étaient pas connus jusqu'ici, ils furent adressés par M. Thomson à *Amanda*, alors miss Y....g, si souvent célébrée, avec le présent du premier exemplaire des *Saisons ;* ils ont été communiqués par M. Creech, d'Edimbourg. L'auteur parle avec un tendre intérêt de cette dame dans les chants du printemps et de l'été.

(Note du Traducteur.)

ODE

SUR LA MORT DE M. THOMSON,

Par M. Collins,

Traduction de M. P. Moulas, Membre de la Société des Sciences,
de l'Agriculture et des Arts, de Lille.

———

(Le lieu de la scène est supposé le long de la Tamise, près de Richmond.)

Là dort un Druide aux lieux qu'arrose une onde pure
    Serpentant sous de frais gazons :
De tes trésors, année, épuise la parure
    Pour le chantre de tes saisons !

Plaçons parmi les joncs sa harpe Éolienne,
    Produit d'un souffle organisé :
Qu'en échos consolants sa douce voix parvienne
    Au cœur par la douleur brisé !

La jeunesse en ce lieu pleurera réunie,
    Et la pitié morne, aux abois,
Croira des sons lointains, savourant l'harmonie,
    Ouïr le pèlerin des bois.

Ton souvenir, ô Barde, animera la rive
    Où reine, en pompeux appareil,
La Tamise, l'été suspend la rame oisive
    Pour ne pas troubler ton sommeil.

A l'heure où le repos et la santé folâtre,
    Recherchent l'ombre et les zéphirs,

---

(1) La harpe d'Éole. Voyez sa description dans *le Château de l'Indolence*.
    (Note du Traducteur.)

Quelque ami reverra cette aiguille blanchâtre (1)
  Et poussera de longs soupirs.

Mais que te font, ami, dans ta couche isolée,
  De la terre un regret amer?
Ou les pleurs que l'amour, l'amitié désolée
  T'adresse en traversant la mer?

Ah! s'il est un mortel dont l'âme dédaigneuse,
  Doux Barde, insulte à ton tombeau,
Que périsse avec lui toute pensée heureuse;
  Que s'efface l'an le plus beau!

Toi, courant délaissé dont la nymphe chagrine
  Déserte à présent le séjour,
Conduis-moi jusqu'au pied de la verte colline
  Qui cache son poëte au jour.

Voyez-vous le vallon se flétrir? la nuit sombre
  Etend un crêpe sur ce lieu;
Avant de le quitter, adieu, douce et chère ombre,
  Enfant de la nature, adieu!

Ces champs, ces prés, si chers à ta muse rustique
  Regretteront leur tendre amant;
Bergères et bergers, d'un soin mélancolique
  T'élèveront un monument.

Oh! du Breton longtemps ton petit coin de terre
  Longtemps frappera le regard.
Bois, dira-t-il, vallons, c'est là, sous cette pierre,
  Que dort votre Druide à l'écart.

_____

(1) L'église de Richmond, où les restes de Thomson furent déposes.
(Note du Traducteur.)

LE PRINTEMPS.

ARGUMENT. Exposition du sujet. Dédicace à la comtesse d'Hertford. La saison est décrite dans ses effets sur les différentes parties de la nature. L'auteur commence par les plus basses pour arriver aux plus hautes. Tout cela est accompagné de digressions qui naissent du sujet. Influence du printemps sur la matière inanimée, sur les végétaux, sur les brutes et enfin sur l'homme. La conclusion de ce chant a pour but de détourner de l'amour déréglé et illégitime en opposant à son tableau celui d'un amour noble et pur.

Doux printemps, par l'éther, molle essence épurée,
Du nuage qui flotte à la voute azurée,
Descends ; et quand déjà t'accueillent mille chants
De roses couronné, viens en couvrir nos champs.

Hertford, vous que l'on voit nous servir de modèle,
Vous qui toujours au goút, à la grace fidèle,
Brillez au sein des cours; ou qui, secrètement,
Errante dans les bois, méditez savamment,
Hertford, ah! vous devez agréer mon hommage :
Je chante le printems : vous êtes son image ;
Et toute la nature en ce moment si doux,
Semble comme vous belle et sourit comme vous.

Le rude hiver s'exile ; il emmène en sa fuite
Les vents impétueux qui composent sa suite,
Les guide au nord ; leur troupe à son maître a cédé ;
Elle quitte le mont si longtemps obsédé,
De leurs jaloux assauts, les forêts agitées,
Qui du souffle d'Eurus sans cesse maltraitées,
Inclinaient leur orgueil, et le triste vallon
Que désola souvent le farouche aquilon :
Les zéphirs, de retour, dominent à leur place.
Des forêts, des vallons ils caressent la face :
La neige fond, le flot en torrent a bondi,
Et le mont jusqu'aux cieux lève un front reverdi.

Cependant le printems encore hésite, tremble ;
La pluie à flots, la neige, en se mélant ensemble,
Nous rappellent l'hiver ; et le soir attristé,
N'enfante qu'un matin froid et désenchanté
Qui fait perdre l'espoir d'une douce journée.
Accusant de ce temps la rigueur obstinée,
A peine le butor trouve quelque moment
Pour aller au marais chercher son aliment :
A peine le pluvier visite la bruyère
Qui transmet à l'écho sa plainte passagère.

Le soleil quitte enfin le signe du bélier,
Et le taureau le voit plus radieux briller;
L'atmosphère du froid désormais se dégage,
Plein de vie et de feu, l'air librement voyage ;
Il pousse et chasse au loin les nuages flottants
Qu'il unit, et disperse en flocons inconstants.

On sent l'air attiédi par de chaudes haleines ;
La terre se dilate et s'ouvre au sein des plaines.
Au laboureur alors qui voit combler ses vœux,
La nature sourit : et ses robustes bœufs
Quittent l'étable ; ils vont de la charrue oisive,
Que la neige a longtemps retenue inactive,
Reprendre la conduite. Au joug accoutumé
Ils prêtent leur épaule avec un air charmé.
Reçoivent le harnais qu'un maître leur attache,
Et commencent gaiment leur fatigante tâche,
En écoutant le chant du laboureur joyeux,
Et la vive alouette allant chercher les cieux.
Le maître cependant, les yeux sur la charrue,
Incliné vers le sol, de tout ce qui l'obstrue,
Tantôt le débarrasse avec dextérité,
Et retourne tantôt la glèbe de côté.

Le semeur , arpentant la campagne voisine,
Marche , compte ses pas ; et tandis qu'il chemine ,
Dans la terre fidèle il dépose le grain,
La herse l'accompagne et le travail prend fin.

L'homme s'est acquitté de sa tâche pénible.
A ses vœux maintenant , ô ciel ! soyez sensible :
O Brises ! accordez votre souffle puissant ;
Apportez, douce pluie, un tribut nourrissant ;
Recevant le bienfait de la molle rosée,
Que la terre s'humecte et soit fertilisée.
Toi par qui tout revit, ô soleil souverain !
Tempère et règle tout de ton regard serein.
Et vous qui cependant au sein de l'opulence,
Par le luxe amollis, vivez dans l'indolence,
Prodigues par vos mœurs et de pompe et d'orgueil,
Croyez-moi le sujet mérite votre accueil :
Ne vous y trompez pas : de matières pareilles
Virgile caressait les superbes oreilles
De Rome , qui si loin étendait son pouvoir ,
De Rome la puissante, unissant au savoir
L'élégance et le goût que lui légua la Grèce.
Voyez l'antiquité , quel culte elle professe
Pour les travaux des champs ! en cet âge les rois ,
Sans crainte d'avilir et leur sceptre et leurs droits ,
S'honoraient en mettant la main à la charrue ;
De la coutume encore la force s'est accrue.
Tant d'autres l'ont suivie , avec qui comparés ,
Les êtres d'aujourd'hui sous leurs habits dorés ,
Sont ces insectes vains qu'un jour d'été fait naître ,
Et que le même jour souvent voit disparaître.
Ces hommes cependant dominaient les humains ;
Du pouvoir ils tenaient les rênes dans leurs mains ,
Soutenaient le fardeau d'une pénible guerre.

Après ces grands travaux qui ne les usaient guère ,
Les mêmes, au-dessus de nos goûts délicats,
A la charrue encor venaient prêter leurs bras,
Et menaient une vie heureuse , indépendante.

Gravez donc ces leçons dans votre âme prudente,
Bretons, qu'en vos vallons , sur vos riants coteaux ,
Étalant au soleil ses trésors les plus beaux,
L'automne les prodigue avec magnificence.
De même que la mer, nonobstant sa puissance,
Reconnaît votre empire, et de ses mille bords
Des richesses du luxe alimente vos ports ;
Fier de plus précieux , plus réels avantages,
Que votre sol fécond verse sur d'autres plages ,
Son superflu ; qu'il donne au sauvage grossier
Des vêtements, et soit du monde le grenier.

Mais est-ce seulement à la température
Qu'on sent le changement qu'éprouve la nature ?
Le soleil pénétrant d'un plus brûlant rayon,
Les plantes jusque là loin de son action ,
En fait jaillir la sève. Aussitôt chaque tige
Se gonfle et de la vie atteste le prodige ;
Elle augmente , circule, et de vives couleurs
Vient embellir la terre en produisant les fleurs ,
Et toi qu'on voit partout par un bienfait suprême,
Robe de la nature , ô vert gazon qu'elle aime ,
Et d'ombre et de lumière étonnant composé,
Sur qui notre regard plus il est reposé ,
Plus il puise de force et goûte de délices.

La verdure vêt tout de ses couleurs propices ;
Par la brise conduite , elle couvre le pré ,
Va parer de nouveau le mont décoloré,
Et tour-à-tour s'élève et s'enfonce à la vue.
L'aubépine blanchit ; une force inconnue ,

Des arbres dans les bois fait sortir les boutons,
Et pousser à l'envi les tendres rejetons,
Qui bientôt briseront leur fragile enveloppe.
La feuille déjà nait, croît et se développe.
La forêt se montrant dans tous ses ornements ;
Invite à soupirer les zéphirs, ses amants ;
Le daim brame en foulant la fougère rustique,
Et les oiseaux cachés commencent leur musique.
Revêtu des couleurs qu'avec un art divin
La nature en secret apprête de sa main,
Le jardin a repris sa grâce accoutumée,
Il imprégne les airs d'une odeur embaumée :
Faible embryon encor, le doux et tendre fruit,
Promesse de l'année et son heureux produit
Git au sein des boutons, qui, rougissant, s'entr'ouvrent.
Échappé maintenant de la ville que couvrent
La fumée et l'essaim de nuisibles vapeurs,
Et loin de l'homme en proie à ses songes trompeurs,
Que j'aime à parcourir la campagne arrosée,
Quand le vent fait trembler les gouttes de rosée
Sur chaque feuille humide, et courbe le buisson ;
Parmi ces églantiers qui croissent à foison,
Qu'il m'est doux d'égarer mon humble rêverie ;
De sentir en passant près de la laiterie
Son parfum si salubre, ou de quelque hauteur
Qui domine des champs le spectacle enchanteur,
De planer, Augusta, sur ton riche domaine ;
Voir la campagne au loin ne former qu'une plaine,
Où la saison semant les plus riches couleurs,
Semble avoir fait pleuvoir des milliers de fleurs !
Pendant qu'à mes regards ce tableau se déploie,
Mon âme encor ressent une plus vive joie :
Je songe que les fruits que mon œil voit fleurir,
L'automne me promet plus tard de les mûrir.

A moins que, l'empêchant de tenir sa promesse,
Sorti de la Russie et d'une humeur traîtresse,
Un vent moite n'arrive, et dans son vol affreux
Ne verse la nielle au poison dangereux ;
Ou plus sec et plus âpre à la plante hâtive,
Ne souffle une gelée imprévue et tardive.
Devant le mal a fui tout l'espoir du jardin.
Le printems radieux s'est éclipsé soudain,
Étréci, frissonnant, se flétrit le feuillage ;
Et la vie a cessé de montrer son image.
Car souvent engendrés par les brumes du nord
Dans le vent qui contient des semences de mort,
En innombrable armée emportés sur ses ailes,
Des insectes rongeurs en leurs guerres nouvelles,
Envahissent d'abord l'écorce, et vers le fond
Se creusent dans la plante un chemin plus profond ;
De vengeance instruments, pourtant infimes races.
La famine souvent arrive sur leurs traces.
C'en est fait de l'année ; à la grandeur du mal
Cependant le fermier trouve un remède égal :
Dans son verger malade il brûle de la paille ;
L'ennemi qu'elle enfume à fuir en vain travaille,
Et de chaque crevasse il tombe suffoqué ;
Du poivre en pareil cas le secours invoqué,
Est tout aussi fatal à la foule perfide.
Si la feuille docile à leur attaque avide
Se roule, en ce moment qui les a réunis,
Le fermier peut aussi les noyer dans leurs nids :
Mais les petits oiseaux dont la troupe assidue
S'amuse à happer ceux qui s'offrent à sa vue,
Il se gardera bien de les épouvanter.

Contre les vents cruels prêts à vous révolter,
Hommes des champs, pourtant courage, patience :

Faites taire la voix de l'inexpérience.
Sachez-le bien , ces vents retiennent refoulés ,
Vers l'Atlantique mer des nuages gonflés,
Dont les masses sans fin pèsent dans l'atmosphère ;
Et qui s'ils déversaient leur onde prisonnière ,
Eteindraient dans ces flots tous les feux de l'été ,
Et voûraient une année à la stérilité.

    Le nord-est maintenant a consumé sa rage :
Rentré dans sa prison , l'on n'en craint plus l'outrage ,
Le vent du midi souffle, et doux, échauffe l'air ;
Sans partage , il s'étend , s'élève dans l'éther,
Et pousse devant lui, dans leur marche pesante ,
Des nuages chargés d'une eau fertilisante.
L'éther qu'ils n'ont encor pu qu'en un point toucher,
En couronne les voit à son front s'attacher ;
Mais successivement de tous côtés leur masse
S'avance dans les cieux, qu'elle couvre et menace ;
L'épaisse obscurité siège sur l'horizon ,
Non telle qu'on la voit dans la froide saison ,
Ou bien de la tempête effrayante courrière,
Mais douce , consolante, heureuse messagère,
L'amour de la nature , enfin la brise dort ;
Le calme l'accompagne et règne sans effort ;
Dans l'épaisseur des bois ne frémit plus Zéphire.
Et même au sein du tremble on ne l'entend pas bruire,
Nulle ride n'est vue à la face des eaux,
Qui s'écoulent au large en limpides ruisseaux,
Et semblent oublier leur course accoutumée.
Tout est silence, espoir dont notre âme est charmée.
Cependant le bétail, le troupeau mugissant,
Et tout autre animal dans les vergers paissant,
En rejetant les brins d'une herbe sèche et dure ,
Implore du regard la riante verdure :

Le peuple des oiseaux, muet , silencieux ,
Maintenant a cessé son ramage joyeux ,
De l'huile dont l'instinct leur enseigne l'usage ,
Ils songent à lisser et polir leur plumage.
Tous ces chantres ailés attendent le signal,
Prêts à mêler leurs voix dans un chœur général.
Jusqu'aux monts , aux vallons , aux forêts altérées
Paraissent réclamer les faveurs désirées.
Des êtres à la tête et leur supérieur ,
L'homme marche près d'eux ; en son intérieur
D'avance il est touché de vive gratitude,
A l'exprimer déjà sa voix met son étude.
Les nuages enfin ont crevé : mais d'abord
Préludant, lentement distillent leur trésor ;
Ils versent par degrés des ondes plus rapides,
Et prodiguent aux champs leurs richesses limpides;
La fraîcheur vient tomber sur un monde souffrant.
Du promeneur distrait parmi les bois errant ,
Les gouttes par instant dans les airs suspendues,
Sous l'ombrage touffu sont à peine entendues.
Mais qui peut maintenant rêver dans les forêts,
Quand se montrant à nous sous les plus nobles traits ,
Le ciel vient faire éclore, au sein de la nature ,
Les herbes, fleurs et fruits qu'il donne sans mesure?
L'imagination de qui le vol s'étend
Anticipe déjà le plaisir qu'elle attend ,
Et voyant tomber l'eau qui fait leur nourriture,
Contemple sur les champs une récolte mûre.

Pendant un jour, des flots dans leur sein amassés ,
Les nuages ainsi se sont débarrassés.
La terre, de ces eaux largement humectée,
Des trésors de la vie est à présent dotée.

Vers l'occident enfin le soleil s'engageant,
Echappé de la nue au visage changeant ;
Lance un premier regard : sa splendeur fécondante,
Illumine le front de la montagne ardente,
Rayonne dans les bois, scintille sur les flots,
Et parmi le brouillard dont il pompe les eaux
En perles au-dessus de la plaine arrosée,
Balance et fait flotter les gouttes de rosée.
Partout sourit le site en son aspect joyeux ;
L'ombrage des forêts semble plus gracieux ;
Leur musique commence et s'unit au murmure
Des aimables ruisseaux courant sur la verdure,
Tout fiers de leur trésor que la pluie a grossi ;
Au bêlement lointain qui parvient adouci,
Des gras troupeaux errants sur le flanc des collines ;
A ces mugissements que poussent plus voisines,
Les vaches, à leur tour, dans le creux des vallons
D'où Zéphire s'échappe et confond tous les sons ;
Tandis que d'un nuage enjambant sur la terre,
A l'orient surpris dévoile son mystère,
L'arc réfracté d'Iris ; immense, il monte, croît,
Et toutes ses couleurs que notre œil aperçoit
Dans un ordre constant viennent prendre leur place,
Du rouge au violet qui dans le ciel s'efface.
A l'aspect du soleil ici se dissolvant,
Ces nuages, Newton, à ton prisme savant
T'ont fait songer. Cet œil que la sagesse éclaire
Parvint à démêler, disséquer la lumière ;
Tu nous en expliquas les admirables lois.
L'enfant pense autrement : de plaisir à la fois,
De surprise rempli, devant le phénomène ;
Il le voit s'approcher, se courber vers la plaine.
Prompt, il veut le saisir ; la brillante clarté

Le fuit en se jouant de sa simplicité ;
Puis enfin disparaît ; la nuit calme s'abaisse.
L'ombrage heureux , la terre en proie à l'allégresse
Attendent maintenant que le prochain soleil
Vienne les caresser et leur donner l'éveil,
Pour prodiguer au jour les odeurs enivrantes
En foule s'exhalant du sein de milles plantes.

Mais tous les végétaux par le printemps chéris,
Jamais du botaniste ont-ils été surpris :
Soit que dans sa recherche active , solitaire, ·
Du tranquille vallon il perce le mystère,
Soit que dans la forêt que viennent obstruer
Tant d'arbres épineux il coure se ruer ,
En aveugle , marchant , soit que de la montagne ,
Tourmenté du désir qui toujours l'accompagne ,
En gravissant les flancs, il aille, plus hardi,
Interroger l'éclat de son front reverdi ?
Tant des plantes partout en quantités immenses ,
La nature a voulu répandre les semences !
Elle en a peuplé l'air, imprégné le terreau ,
Les loge dans la pluie et les mêle au ruisseau.

Et de leurs qualités , de leur vertu secrète ,
Qui pourra nous donner une histoire complète ?
Quel œil saura percer en toute liberté
A travers ces trésors de vie et de santé ?
De l'homme nourriture et pure jouissance ,
Quand ses jours s'écoulaient au sein de l'innocence ,
Au temps qu'on désigna sous le nom d'âge d'or.
Etranger au carnage, il répugnait encor
A répandre le sang ; en sa frugale vie
Il ne connaissait pas la mort , la maladie :
Il était maître et non tyran de l'univers.

3

Les premiers rais du jour s'annonçant dans les airs
Eveillaient des humains la vertueuse race.
Dociles à cet ordre, ils n'avaient pas l'audace
De prolonger la nuit à la face du jour.
Car leur somme léger cédait à son retour :
Au soleil qui montrait ses regards favorables
Dispos et vigoureux ils paraissaient semblables ;
On les voyait des champs reprendre les travaux,
Ou se livrer au soin de guider leurs troupeaux ;
Les chants pourtant, la danse égayaient la journée,
A d'utiles labeurs, au plaisir destinée ;
Et les sages propos, les doux mots d'amitié,
De leur temps précieux employaient la moitié ;
Tandis que, solitaire au fond de la vallée,
Exhalant les soupirs de son âme troublée,
L'amant lui confiait ses désirs amoureux.
Mais chez lui point d'angoisse et de pleurs douloureux ;
Seulement cette peine intérieure et douce
Que l'espoir du bonheur facilement émousse ,
Et qui donne à nos feux plus d'énergie encor.
Aucune action basse ou bien le moindre tort
Chez ces enfants des cieux ne mérita le blâme ;
Bienveillance et raison résidaient dans leur âme.
La nature semblait sourire à leur bonheur :
Elle prenait pour eux un aspect enchanteur ;
Les cieux brillaient sereins : les brises bien aimées
Secouaient dans les airs leurs ailes parfumées :
Car tout était parfum. Jusqu'à l'astre du jour ,
Devenant amoureux de ce nouveau séjour ,
Lui montrait plus d'éclat, de grâce , de jeunesse ;
Les nuages souvent y versaient leur richesse,
Donnaient au sol la vie et la fertilité.
Sur les prés , dans leurs jeux, avec sécurité,

Joyeux et confondus parmi l'herbe naissante ,
Les troupeaux y trouvaient leur pâture innocente ;
Sorti des sombres bois, le lion adouci
Venait de ces transports prendre sa part aussi :
Car l'harmonie en paix maintenait tout le monde.
La flûte soupirait : la voix qu'elle seconde
Par des sons variés allait chercher le cœur ;
Les forêts répondaient à cet appel flatteur :
Et les vents et les flots unissant leur murmure,
Prêtaient un nouveau charme à toute la nature.
Tel fut ce temps heureux , le plus heureux de tous.

Mais ces mœurs ont cessé d'exister parmi nous.
Ces mœurs qui du bonheur images si complètes ,
Servirent à leur tour d'images aux poëtes.
Que nous en sommes loin dans ce siècle de fer ,
Où la vie est plutôt le tableau de l'enfer !
Perdant les sentiments qui fondent l'harmonie
Par laquelle chaque âme aux autres est unie,
Et source de bonheur, le moral tourmenté
Hors de son équilibre est sans cesse emporté ;
Toutes les passions dépassent la limite :
L'impuissante raison ou faiblement s'irrite,
Témoin de ce désordre , ou leur cède à demi,
Ou même à leurs efforts prête un concours ami.
La colère hideuse et qu'aucun frein n'arrête
Fait mugir de sa voix l'effroyable tempête.
D'autrui la basse envie en voyant le bonheur,
Se dessèche : elle hait dans le fond de son cœur
Le talent élevé qu'elle ne peut atteindre.
La peur faible, tremblante et portée à tout craindre,
Paralyse l'esprit, enchaine son pouvoir ;
Sous d'autres traits l'amour lui-même se fait voir,

Il n'est plus que tristesse où l'âme se consume ,
Qu'un sentiment pénible et rempli d'amertume ;
Ou bien de l'intérêt, suivant l'inique loi ,
Il cesse de sentir et ne songe qu'à soi :
Adieu donc ces transports dont s'agrandit notre être ,
Ces désirs épurés toujours prêts à renaître
Ce dédain d'un bonheur que ne partage pas
L'être qu'à rendre heureux l'on trouve des appas.
L'espoir déréglé va jusqu'à l'extravagance ;
Degoûté de la vie, en proie à la démence ,
Le noir chagrin éclate , ou de calmes douleurs
Dans un morne silence éternisent leurs pleurs.
De ces émotions , de mille autres encore ,
Mixtes et dont l'atteinte incessamment dévore,
Que changeante , toujours avec un zèle égal
Reproduit la pensée allant du bien au mal ,
L'âme esclave subit la tourmente orageuse ;
D'où croissent, aiguisant leur pointe vénimeuse,
Les coupables désirs , l'insensibilité,
Qui portent aisément à mettre de côté
Les intérêts d'autrui ; l'affreux dégoût, la haine ,
A masquer ses noirceurs n'épargnant pas la peine ,
La lâche tromperie et la force à son tour
Violente ; bientôt , s'éteignent sans retour,
Les sentiments, lien et charme de la vie ;
L'inhumanité naît, les chasse avec furie ;
Le cœur qu'elle endurcit , devient pétrifié ;
Alors quand tout penchant est mort sacrifié ,
Pour avoir étouffé sa voix noble et touchante ,
On juge sans raison la nature méchante. (1)

---

(1) Ce détail est long , trop long sans doute : du moins nous le croyons ; mais nous piquant de rester fidèle à l'original , nous n'avons rien voulu retrancher.

(Note du traducteur.)

Vengeur de ces excès, le ciel se souleva ;
Dans les temps reculés un déluge arriva :
Lorsque profondément, fendu par intervalles,
Cet orbe qui servait de voûte aux eaux centrales ,
Avec bruit éclata cédant à ses écarts ,
Et tomba dans l'abîme; alors de toutes parts,
S'echappant par ce choc de la cime élancée ,
Des monts qui dominaient la terre fracassée
Les eaux, libres de suivre un cours illimité,
Coururent occuper seules l'immensité ;
Tellement que du sol au plus haut des nuages
L'océan désormais s'étendit sans rivages.

C'est depuis ce temps-là qu'avec plus de vigueur
Sur un monde coupable exercent leur rigueur
Les jalouses saisons. L'hiver qui nous assiége
Vient secouer le froid de son manteau de neige.
Des ardeurs de l'été le fléau détesté ,
En pénétrant nos corps altère la santé.
Le printemps autrefois durait toute l'année ;
Du même arbre on voyait la branche fortunée
Etaler à la fois et la fleur et le fruit.
Tempéré , dépourvu du principe qui nuit,
L'air était pur : un calme doux , délicieux ,
Perpétuellement régnait au front des cieux ;
Si ce n'est les zéphyrs , hôtes toujours fidèles,
Mollement dans l'azur balancés sur leurs ailes ;
D'aucun orage alors n'éclatait le courroux ;
Point de vents déchaînés ni d'ouragan jaloux ;
Jusqu'aux eaux se taisaient. Des vapeurs sulfureuses
Combinant dans les cieux leurs substances fâcheuses,
N'allumaient point encor l'étincelant éclair,
Ni les brouillards d'automne, épais qui glacent l'air ,

Ne venaient relâcher les ressorts de la vie.
Maintenant dans le choc dont leur marche est suivie ,
Les éléments troublés passent du froid au chaud ,
Du clair au nébuleux ; ils ramènent tantôt
Ou l'humide ou le sec ; cette température
Changeant à chaque instant use notre nature.
De nos jours languissants le terme est avancé ,
Et notre âge finit à peine commencé.

Par malheur, aujourd'hui les plantes salutaires ,
Grâces à nos dédains demeurent solitaires ;
Bien qu'avec abondance offrant à notre main
Les trésors de santé que recèle leur sein,
Leurs remèdes puissants , leur saine nourriture,
Dont l'art reste si loin en sa triste imposture.
Poussé par le démon de la férocité ,
L'homme n'écoute plus que sa rapacité.
A cette heure il s'est fait le lion de la plaine ,
Que dis-je ? Pire encor; le loup affreux qui traîne
Hors de la bergerie , à la faveur du soir ,
Le bêlant animal qu'il dépèce en espoir,
N'a point bu de son lait ; à sa toison si chaude
Il n'emprunta jamais un vêtement commode :
Par le tigre saisi, le triste bouvillon
Pour lui ne traça pas un pénible sillon.
Différemment trempée, après tout cette race
Dont la faim et la soif aiguillonnent l'audace,
Suit de tout temps les lois d'un instinct destructeur,
Et jamais la pitié n'habita dans son cœur.
L'homme autrement formé , l'homme que la nature
De tendres sentiments a comblé sans mesure,
Qui seul d'elle reçut le pouvoir de pleurer ;
Pendant que pour lui plaire il la voit se parer

Du trésor de ses fruits, que tant d'herbes, de plantes
Croissent partout autant nombreuses, opulentes
Que les gouttes de pluie ou les rayons des cieux
Qui, sur elle, versant leurs bienfaits précieux,
Leur ont donné le jour ; eh ! quoi, l'homme qu'anime
Un sourire si doux ; qui d'un regard sublime
Envisage le ciel, en son désir brutal
Des hôtes des forêts devenu le rival,
Répandra-t-il toujours des animaux timides
Le sang qu'il doit sucer de ses lèvres avides ?
Le féroce animal qui donne le trépas
Sans doute a mérité qu'on ne l'épargne pas :
Mais vous, faibles troupeaux, innocentes victimes,
Pour recevoir la mort, voyons, quels sont vos crimes ?
Est-ce de nous fournir en ruisseaux incessants
De votre lait si doux les trésors nourrissants ?
Est-ce de nous vêtir de votre propre laine
Qui des rudes hivers fait supporter l'haleine ?
Le bœuf, bon serviteur, paisible, humble animal,
Nous a-t-il, dites-moi, causé le moindre mal ?
Lui qui prompt, courageux, jamais ne se révolte,
Dont le travail nous vaut une riche récolte.
Un rustre versera sans paraître attendri
Le sang de l'animal qui longtemps l'a nourri ;
Peut-être pour servir au banquet de l'automne
Déjà payé du gain que son labeur lui donne.
Ah ! tout sensible cœur doit raisonner ainsi.
Mais passons : c'est assez d'avoir redit ici
Dans un âge tout fier de sa vaine sagesse,
Les leçons que donnait Pythagore à la Grèce.
Le ciel ne permet pas que nous allions plus loin,
Rester dans notre état doit borner notre soin ;
Cet état, où Dieu veut nous maintenir lui-même,

Sans que nous égalions la pureté suprême.

C'est maintenant quand l'eau déborde des ruisseaux
Que la pluie a grossis de ses trésors nouveaux ,
Lorsque sous le courant à la face verdâtre
Descend en se jouant une écume blanchâtre ;
C'est lorsque maintenant en couleur plus foncés
Les flots abusent mieux les poissons amorcés ,
Que l'avisé pêcheur tend son piège à la truite ;
Là mouche qu'avec soin un art heureux imite,
Et la ligne flottante au bout du jonc léger
Sont le mince attirail dont tu dois te charger ;
Et de provisions que le besoin indique.
Mais ne nous montre pas cruellement inique ,
Un vers dont l'hameçon perce les flancs captifs ;
Qui se débat , se tord en des nœuds convulsifs.
Goulument avalé par l'habitant de l'onde,
Tu lui ravis, au prix de son sang qui l'inonde,
Ce vers qui, pour te faire expier ta fureur,
Déchire alors ta main, pour elle objet d'horreur.

Quand les rayons brûlants du monarque du monde
Ont pénétré les eaux de leur flamme féconde
Et percé jusqu'au fond l'asile des poissons ,
Le moment est venu : sors, prends tes hameçons ;
Surtout si de l'ouest la brise caressante
Balance dans l'éther la nuée inconstante.
Parmi les bois , suivant la pente des coteaux
Remonte alors le cours des paisibles ruisseaux.
En voici sur tes pas : leur marche tortueuse
Que force de leur lit la route rocailleuse,
Les guide à la rivière. En cet ample bassin
Ses naïades montrant les trésors de leur sein ,
Errent en liberté , s'écartent du rivage,

Et se livrent gaiment aux doux jeux de leur âge.
Juste à ce point douteux où le faible ruisseau
Avec l'onde étrangère a confondu son eau ,
Ou parmi les cailloux si tu vois qu'il bouillonne ,
Ou de son lit profond repoussé s'il résonne,
Pendant que son flot pur ondulant au hasard,
De la gent aquatique attire le regard,
C'est là qu'il faut lancer la mouche insidieuse
Qui décrit sur les eaux une courbe trompeuse.
Observe cependant ton gibier sémillant :
Bientôt à la surface il viendra sautillant
Pour se jouer ou bien pour chercher sa pâture.
Il fixe l'hameçon, y mord à l'aventure :
Vers la rive les uns l'entraînent sans effort ;
Les autres avec peine à distance du bord ;
Et chacun d'eux, selon son plus ou moins de force :
Mais celui qui, trop jeune, attiré par l'amorce
Fut trop aisément pris et qui, se tortillant,
Fait à peine en ta main fléchir le jonc pliant ,
Témoigne quelque égard pour la courte carrière
D'un être qui n'a vu qu'un instant la lumière ;
Dégage-le du piège, et que l'heureux captif
Revoye encor les flots. Si ton œil attentif
Pourtant épie au fond de son obscur repaire
Son frère bien plus grand, le roi de la rivière ,
Qui choisit son asile et s'y tient en repos
Sous l'ombrage des bois qui dominent les flots ,
Pour l'attirer, crois-moi, tu n'as pas trop d'adresse.
Pendant longtemps, prudent et doué de finesse ,
Il remarque la mouche, objet de son désir ;
Souvent en la suivant il voudrait la saisir ;
Et tout aussi souvent se bornant à la feinte ,
L'onde qu'il fait mouvoir témoigne de sa crainte.

Mais d'un nuage enfin le soleil s'est voilé :
Le poisson se décide : en ce moment, troublé,
Il avale sa proie. Aussitôt il s'élance ,
Blessé du trait mortel que le destin lui lance ;
D'abord parcourt la ligne en toute sa longueur ,
Puis il cherche la vase ou l'abri protecteur
Des herbes de ces fonds ou des plantes sauvages
Qui tapissent les bords ; ou bien, sous ces rivages ,
Revoit encor le lieu qui fit sa sûreté.
Il monte , redescend avec agilité ,
Plonge de tous côtés et maudit sa fortune ;
Toi , loin de le gêner d'une main importune,
Favorise sa course afin de le tromper.
Cède un peu, bien certain qu'il ne peut t'échapper.
Que ta ligne, à propos, le retienne ou le suive ,
Tu lasseras bientôt sa rage fugitive ;
Epuisé sans haleine, et sur l'onde flottant,
Ton captif s'abandonne au destin qui l'attend.
Et tu peux , terminant ton heureuse entreprise
Au rivage amener ta glorieuse prise

L'heure s'écoule ainsi, tant que l'astre du jour
De rayons tempérés éclaire ce séjour :
Mais monarque jaloux , s'il chasse de son trône
Les nuages fuyant l'éclat qui l'environne ;
A l'heure du midi , si sa mâle vigueur
Imprime même aux flots une molle langueur,
Va visiter les lieux où les sureaux fleurissent,
Que les lys du vallon avec grâce embellissent,
D'une suave essence au loin versant l'odeur :
Tâche d'y découvrir la primevère en fleur
Qui des pleurs de l'aurore en secret arrosée
Penche encore son front humide de rosée ;

Guette la violette aimant à se cacher,
Tous ces enfants des bois que tu dois y chercher.
Ou bien repose-toi sous ce frène propice,
Dont la tête domine un affreux précipice.
De ce point culminant prend son vol le ramier ;
Au haut d'un roc tu vois l'aire de l'épervier.
C'est là qu'interrogeant les poëtes antiques
Ton esprit peut errer en des scènes rustiques,
Telles que nous les peint le berger Mantouan
Par la muse doué d'un mode si savant.
A ton tour, fais les frais d'un riant paysage.
L'imagination qui sans cesse voyage
De son frais coloris viendra tout embellir.
Du plus doux sentiment si tu veux te remplir,
De ces bois musicaux écoute l'harmonie
Au murmure des eaux éloquemment unie :
Et par la rêverie heureusement bercé,
Comme au travers d'un songe, oublieux du passé,
Prolonge cet état ou plus de mille images
Amusent notre esprit, confuses et volages,
Et calment des désirs l'inquiétante ardeur,
Ne laissant subsister au fond de notre cœur
Que ces émotions de qui la douce flamme
Sans la troubler jamais vient caresser notre âme.

Après avoir goûté ce site harmonieux,
O muse ! faudra-t-il le retracer aux yeux !
La muse me l'ordonne, hélas ! quelle peinture
Eût jamais le pouvoir d'égaler la nature ?
L'imagination à ses rêves flatteurs
Saura-t-elle emprunter d'assez fraîches couleurs ?
De les mêler, les fondre aura-t-elle l'adresse ?
Ou de les nuancer sera-t-elle maîtresse,

Comme dans ces boutons qu'on voit s'épanouir ?
Et si tout son effort ne peut y parvenir,
Que fera le langage ? en ses phrases heureuses,
A-t-il des mots empreints de couleurs si pompeuses ;
Des mots dont le pouvoir de la vie approchant
Imbibera mes vers., parfumera mon chant
De cette fine essence et ces brises magiques
Exhalant tant d'esprits subtils , aromatiques,
Et qui, sans s'épuiser, circulent dans l'éther ?

Mais trop sûr d'échouer, ce doux travail m'est cher.
Vierges, venez donc. Vous, jeunes gens dont l'ivresse
Du plus pur sentiment a connu la tendresse ;
Toi, surtout, Amanda, toi, l'orgueil de mes chants ,
Par les grâces formée, en tes charmes touchants
Epuisant tous leurs dons , que tes regards de flamme
Modestes et posés , mais maîtres de notre âme,
Graves et toujours doux , qu'éclaire la raison,
Où brille aussi souvent l'imagination ,
Que le cœur à la fois de son feu vivifie,
Accompagnent mes pas , à toi je me confie.
Viens, et tandis que Mai sème négligemment
Les roses de ses pieds délicat ornement,
Foulons tous deux les prés humectés de rosée
Qu'au sein riant des fleurs l'aurore a déposée ;
Cueillons dans leur primeur les fleurs près de s'ouvrir ,
Pour parer tes cheveux qui vont les embellir
Et ton sein qui saura les embaumer encore.

Vois-tu de quel éclat maintenant se décore
Le vallon sinueux déployant ses trésors ?
Comme du clair ruisseau qui caresse ces bords
Et ne suinte qu'à peine à travers l'herbe épaisse ,
Ces muguets altérés épuisent l'eau sans cesse ?

Ou sur la rive épars couronnent sa hauteur.
Vers cet immense champ d'où les fèves en fleur
Exhalent leur parfum, je me porte avec joie
A ce baume flatteur qu'un vent frais nous envoie,
Qui pénètre notre âme et ravit tous nos sens ,
L'Arabe oserait-il préférer son encens ?
Et ce pré de tes pas te paraît-il indigne ?
La nature toujours, dans sa féerie insigne
Jette négligemment ses parfums , ses couleurs
Et s'orne de verdure et d'odorantes fleurs.
Bravant ici de l'art la gênante contrainte ,
Aux regards sa beauté vient s'étaler sans crainte.
D'abeilles par milliers le peuple confondu
Poursuit en ces beaux lieux son travail assidu.
A droite , à gauche, en l'air, autour de chaque tige
Le diligent essaim sans relâche voltige ,
Vient s'unir à la fleur : leur tube industrieux ,
Plonge, extrait avec soin le suc si précieux ,
Essence de la plante et son âme éthérée.
Souvent dans leur essor, d'une aile aventurée ,
Sur la bruyère rouge où le sauvage thym,
Toutes jaunes encor de l'odorant butin
Elles vont déposer sa mielleuse substance.

Enfin le jardin s'ouvre , et trompant la distance,
Ses riches points de vue et ses riants lointains
Charment à tous moments les regards incertains
Qui glissent au travers de ses vertes allées :
Étrange labyrinthe où par l'art rassemblées,
Mille images à l'œil se montrent tour à tour.
Tantôt d'épais berceaux interceptant le jour
Répandent à leurs pieds une nuit ténébreuse,
Et tantôt l'on revoit du ciel la voûte heureuse ;

La rivière ici coule avec limpidité,
Et là se ride un lac par la brise agité.
Plus loin le bois projette une ombre noircissante
Près de la pyramide à l'aiguille éclatante :
Puis vient le mont géant qui s'élève dans l'air,
Et dans l'éloignement l'étincelante mer :
Mais pourquoi s'écarter, tandis qu'à ces bordures
Brillantes de rosée et de teintes si pures,
Le printemps, attachant ses plus vives couleurs,
Dans un coin solitaire et qu'il peuple de fleurs,
De leur sein fait jaillir tant d'attraits, tant de grâce ?
D'abord la perce-neige y vient prendre sa place.
Le jaune safran suit, la primevère après
Brille; la marguerite, humble ornement des prés.
J'y vois d'un bleu foncé les violettes peintes
Le polyanthe offrant ses innombrables teintes;
La douce giroflée au front éclatant d'or,
Que ses taches de fer semblent parer encor :
Et charme du jardin ses tribus parfumées
Des brises du printemps nouvellement formées;
L'anémone qu'on vante, avec l'oreille d'ours,
Étalant à l'envi leurs robes de velours
Que recouvre une fine et brillante poussière :
Du feu de ses habits la renoncule fière.
Des tulipes la race ensuite vient s'offrir.
Fantasque, la beauté les décore à plaisir
Et varia, l'éclat dont leur espèce brille :
Passant d'une famille en une autre famille,
Sitôt que la semence accourt y pénétrer,
De nouvelles couleurs reviennent les parer.
Pendant que l'ignorant admire leurs nuances,
Le fleuriste en secret, marquant les différences,
S'applaudit de pouvoir rendre nos yeux témoins

De l'heureux changement opéré par ses soins.
Au parterre pourtant est-il quelque lacune ?
Non , successivement des fleurs paraît chacune,
Depuis le frais bouton par le printemps hâté
Jusqu'à ceux plus tardifs que doit ouvrir l'été.
Rien ne manque à nos vœux , c'est l'hyacinthe pâle ,
Sensible et tendre fleur , de blancheur virginale.
Timide , elle se penche et rougit en secret :
La jonquille au parfum que toute autre envierait :
Narcisse dont la fable a gravé l'aventure
Et qu'on retrouve encor dans la même posture.
J'y trouve les œillets de diverses couleurs
Qui diffèrent aussi de taille , de grandeurs ;
Et sur chaque buisson où sa fraîcheur éclate ,
Cette rose féconde et qu'on nomme incarnate.
Oh ! quel délice autour de ces gazons naissants !
Quel spectacle d'attraits ! quels parfums ravissants !
Et couleurs sur couleurs que l'art ne peut atteindre ,
Qu'aucune expression ne saura jamais peindre !
De la nature souffle , impérissable fleur !

O ! source de chaque être , ô pouvoir créateur !
De la terre et des cieux , grande âme universelle ,
O maîtresse de tout , présence essentielle ,
Objet de mes désirs, de mes vœux les plus doux,
De monter jusqu'à toi mes pensers sont jaloux.
Ils y tendent toujours: toi dont la main secrète
Créa de l'univers la fabrique complète ;
Par toi chaque tribu du règne végétal
Si varié d'ailleurs, avec un soin égal,
D'un réseau membraneux partout enveloppée
Et d'un manteau feuillu recouverte et drapée,
Hume l'air et boit l'eau ; par toi chaque terrain

Exprès choisi, reçoit et féconde en son sein
Chaque plante assortie à sa propre substance.
Elle en pompe les sucs, et cette subsistance
Habilement grossit le tube délié
A ses besoins par toi si bien approprié.
Donnes-tu le signal ? De sa flamme rapide
Le soleil du printemps de la sève torpide,
Dont les vents de l'hiver causèrent le sommeil,
Par son brûlant contact provoque le réveil;
Elle s'agite, bout, et quittant les racines,
S'élance comme un trait dans les branches voisines:
Elle gagne, elle monte, elle s'étend partout
Dans sa course invisible, et ressuscite tout.
Par elle ton pinceau, si rempli d'énergie,
D'un monde tout nouveau fait briller la magie.

Du monde végétal, naguère mon sujet,
Je m'élève ; à ton tour seconde le projet,
Avec la même ardeur déploie aussi tes ailes,
O muse ! revêtus de leurs feuilles nouvelles ;
Ces bois ombreux sont faits pour attirer tes pas ;
Rossignols, de vos chants prêtez-moi les appas.
Qu'en ses sons variés ma lyre harmonieuse
Rende de vos accents l'âme mélodieuse !
Tandis que, commençant par le triste coucou,
Je cherche à reproduire en ses accords plus doux,
Chaque voix du printemps de son souffle formée,
Que je traite un sujet privé de renommée ;
L'amour ?..... Mais cet amour qui régne dans les bois.

Quand l'âme de l'amour nous révèle sa voix,
Se répand au-dehors, échauffe, vivifie
Le principe puissant qui nous donne la vie,

Et vient en s'y glissant pénétrer notre cœur,
Les oiseaux que ranime une nouvelle ardeur,
S'occupent à lisser leurs ailes colorées ;
Ils fredonnent bientôt, leurs voix mal assurées
Semblent chercher des airs trop longtemps oubliés ;
Leurs organes pourtant tout-à-fait déliés,
Par cette âme d'amour qui circule en leur âme,
Chacun d'eux dévoré de ce feu qui l'enflamme,
Fait éclater sa voix en de libres chansons.
L'alouette frappant l'oreille de ses sons,
Hardie, et du matin diligente courrière,
Sur le trône des airs s'élève la première.
Avant que l'ombre fuie, elle monte en chantant,
Et pénétrant la nue où l'aube va pointant,
Du sein de ces hauteurs lance un appel sonore
Aux amphions des bois qui sommeillent encore.
Tout arbre, tout buisson, les fourrés, mille abris
Qui logeant à présent leurs hôtes favoris,
Courbent sur eux leurs fronts surchargés de rosée,
Sont prodigues d'accords ; et la grive rusée,
Et des bois l'alouette aux sons retentissants,
Des autres aisément dominent les accents
Et soutiennent longtemps des notes plus moëlleuses ;
Quand cessant pour l'instant ses plaintes douloureuses,
Philomèle veut bien écouter à son tour,
Certaine que sa nuit surpassera leur jour.
Au gai merle sifflant parmi la fougeraie,
En soupirant répond le bouvreuil de sa haie.
Les linottes, parmi les bruyères en fleur,
Animent le concert de leur gosier flatteur.
Que de chantres encor sous le naissant ombrage
A ces gazouillements mêlent leur doux ramage !
La grolle, le choucas et le geai babillard

4

Dont pris isolément déplaît le ton criard,
Et d'autres renommés pour leur dure harmonie,
Concourent à l'effet de cette symphonie ;
Et le ramier enfin, mélancoliquement,
Accompagne leurs chants de son roucoulement.

Ces chants mélodieux dont notre âme est ravie,
C'est l'amour, l'amour seul qui leur donne la vie ;
Et dans cette musique on reconnaît sa voix ;
Il enseigne aux oiseaux, aux brutes à la fois,
L'art de plaire, de là l'espèce au doux ramage
Se sert de ces secrets que l'amour lui ménage
Pour captiver l'objet de désirs amoureux,
Et module des airs où se peignent ses feux.
D'abord, pleins de désirs que la crainte accompagne,
En cercles très-distants, autour de leur compagne,
Ils voltigent, cherchant avec précaution
A forcer par leurs jeux, leurs tours, l'attention
De celle qui se rit de leurs démarches vaines.
Un regard semble-t-il vouloir payer leurs peines,
Aussitôt sur la foi de ce léger coup-d'œil,
On les voit se dresser, s'enfler d'un noble orgueil ;
Ils lissent leur plumage, et dans leur espérance,
Ils s'avancent joyeux et remplis d'assurance ;
Mais perdent-ils l'espoir d'un triomphe si beau,
Ils reculent, frappés, approchent de nouveau,
Ils volent, tournoyant ; le feu qui les consume
Fait frissonner chaque aile et frémir chaque plume.
Sont-ils enfin d'accord ? Dans l'épaisseur des bois
Ils se rendent en hâte ; et là des lieux font choix,
Selon qu'ils ont l'espoir d'y trouver leur pâture,
Ou bien de rencontrer une retraite sûre.
Parfois ne consultant que leur goût, leur plaisir,

A moins de frais ils vont contenter leur désir ;
Serait-ce vainement que la nature sage
Leur fait si doucement entendre son langage ?
Les uns pour y nicher ont adopté le houx ;
Pour d'autres un hallier a des charmes plus doux.
A des buissons d'épine, afin de la défendre,
Pour leur progéniture et si faible et si tendre,
Quelques-uns ont recours. Dans un corps d'arbre ouvert,
On voit certains d'entr'eux habiter à couvert.
Des insectes cachés, heureux, ils s'y nourrissent ;
Et sa mousse leur sert pour les nids qu'ils bâtissent.
Plusieurs, beaucoup plus loin, dans un vallon herbeux,
Ou près d'incultes champs, se dérobent aux yeux,
Y construisent leur humble et fragile édifice ;
Mais le plus grand nombre aime et trouve plus propice
Le silence des bois, leur sombre obscurité,
Ou des bords qu'embellit un tapis velouté :
Bords surtout escarpés où l'onde qui serpente,
Gazouillant, sur son lit suit une douce pente.
Pendant qu'ils sont veillant au fruit de leurs amours,
Près du ruisseau qui fuit et murmure en son cours,
D'un noisetier sur l'eau souvent maint rameau penche,
De leurs nids les oiseaux jettent sur chaque branche
Les premiers fondements : d'arbres brins déliés,
Et par l'argile entr'eux, artistement liés.
Leurs tribus maintenant à la tâche fidèles,
Traversent l'air battu par d'innombrables ailes.
Rasant l'étang vaseux par un vol assidu,
L'hirondelle travaille à son nid suspendu ;
Et souvent elle arrache à la foule innocente,
Des troupeaux sans souci paissant l'herbe naissante,
Du poil ou de la laine. Aussi souvent encor
Si l'on ne la voit pas, elle accroît son trésor

De quelques brins de paille enlevés à la grange ,
Jusqu'à ce que son nid, grâce à tant de soins , change ,
Se garnit et devient commode et des plus chauds.

Oh ! comme la femelle en ses soucis nouveaux ,
Désormais toute entière à l'ardeur qu'elle éprouve ,
Des devoirs maternels s'acquitte , veille et couve.
Ni la pressante faim , ni l'attrait du plaisir ,
Ni la voix du printemps qui souffle le désir ,
Ne peuvent interrompre une si noble tâche.
Son amant que près d'elle un même soin attache ,
Sur un tertre opposé l'amusant par ses chants ,
De la mère en travail charme les soins touchants.
Pour son repas enfin si le besoin la chasse ,
Attentif , aussitôt il vient prendre sa place.
L'instant précis marqué pour leur éclosion ,
Par ce pieux travail venu, de leur prison
Les jeunes tout formés , mais sans plumes encore ,
Ont pleinement reçu la vie , et pour éclore
Brisent leur enveloppe ; ils arrivent au jour :
Indigente famille , elle implore à son tour
Par de vives clameurs , une prompte pâture.
Ah ! qui peut peindre alors le cri de la nature ;
Les sentiments nouveaux, si doux, si triomphants ,
Que les parents émus sentent pour leurs enfants !
Attendris , empressés , ils volent , ils rapportent
Sans oser rien goûter des morceaux qu'ils emportent
A leurs petits , les mêts pour eux les plus exquis.
Égale portion à ces êtres chéris
Est donnée. Après quoi soutenus par le zèle ,
Les voilà repartis pour leur quête fidèle ;
Tel quelquefois, uni par les plus purs liens
Un couple généreux , déshérité de biens ,

Qu'accable de son poids la pénible infortune,
Mais doué néanmoins d'une âme non commune,
Dans une humble retraite et loin de tout mortel,
Soutenu seulement par le secours du ciel,
S'il contemple en pleurant sur leur besoin extrême
L'essaim de ses enfants qui l'entoure et qu'il aime,
De son maigre aliment en cet instant affreux,
Ne se réservant rien, se dépouille pour eux.

Mais c'est peu que pour rien ils regardent la peine.
Cet amour exalté que le printemps ramène
Sait encor les garder contre chaque hasard,
Donne du cœur au faible, au plus simple de l'art.
A-t-on touché du pied leur retraite boisée ;
Silencieux, masquant leur marche déguisée
Ils se glissent soudain dans le prochain buisson.
Là d'une voix plaintive ils prolongent le son ;
Ils semblent alarmés de rencontrer un piége,
Et trompent l'écolier dupe de leur manége.
Sur les pas du berger le pluvier vigilant
Décrit autour de lui des cercles en volant ;
Puis, pour sauver son nid, par une feinte adroite
Il rase tout-à-coup la plaine en ligne droite.
Pour cacher leur couvée, heureux de ce secret
C'est ainsi que l'on voit dans le même intérêt,
La poule de bruyère et le canard sauvage
De la ruse à leur tour faisant un digne usage,
L'un sur la mousse et l'autre à travers le désert,
Guider le chien ardent qui sur leurs pas se perd.

Muse, sans en rougir pourras-tu voir l'outrage
Que l'homme fait subir en une étroite cage
A tes frères souffrant de leur captivité ?
Et privés à la fois d'air et de liberté ?

Ne pleureras-tu pas leur triste destinée ?
Esclave d'un tyran, l'espèce emprisonnée,
A perdu sa gaîté ; leur plumage souillé
De son lustre brillant se trouve dépouillé ;
Leur voix fait regretter ces roulades si vives
Dont ils savaient charmer les forêts attentives.
O vous de qui le cœur s'est ouvert à l'amour
Et goûte les chansons qu'il inspire à son tour,
Écoutez ma prière, oh ! je voos en conjure ;
Et ne leur faites point une pareille injure.
Ne souffrez pas qu'ici je vous implore en vain,
Cessez d'avoir recours à votre art inhumain.
Ah ! laissez-vous toucher pas leur seule innocence,
Si leurs accents flatteurs n'ont pas cette puissance.

    Mais que le rossignol reste libre du moins !
Pour ses pauvres petits, objets de tant de soins ;
Ses petits, délicats et de nature frêle,
Une triste prison deviendrait trop cruelle.
Souvent de l'aliment dont son bec est muni
Quand leur mère chargée a regagné son nid
Et le retrouve vide, à cette barbarie
De rustres accusant la jalouse furie,
Sa force l'abandonne, et, près de succomber,
Dans sa morne douleur elle laisse tomber
L'aliment devenu désormais inutile.
Ses ailes que hérisse un mouvement fébrile
La portent haletante au haut d'un peuplier.
Là toute entière aux maux qu'on lui fait essuyer,
Eu proie au désespoir, elle chante, et dans l'ombre
De lamentables sons attendrit la nuit sombre ;
A cette heure où tout dort, seule sur un rameau
De ses tristes accords sur un mode nouveau

En variant les tons, la plaintive cadence
Finit à peine, une autre à l'instant recommence ;
Et les forêts sortant de leur calme enchanteur
Soupirent de ses chants, pleurent de son malheur.

Les petits maintenant, trop gênés dans leur place,
De plumes revêtus, demandent plus d'espace.
S'essayant à voler, ils convoitent le ciel.
Les parents, sans tarder, répondent à l'appel ;
C'est un service encor qu'il convient de leur rendre.
Mais les jeunes après n'ont plus rien à prétendre.
Les nœuds de parenté se rompent pour toujours ;
Ils pourront se passer d'ailleurs de tout secours.
La sagesse raisonne et n'agit pas sans cause.
Pour l'acte solennel d'un beau soir on dispose.
Quand l'air est calme et doux, que les bois odorants
Apportent jusqu'à nous leurs parfuns énivrants,
Et nous font admirer leur brillante parure.
Là sur les champs, grenier ouvert par la nature,
Ces nouvelles tribus, en montant vers les cieux,
Observent d'aussi loin que leur vol et leurs yeux
Les guident, les terrains et les fertiles sites
Qui recevront plus tard leurs fréquentes visites.
Sur la branche d'abord on les voit s'agiter,
Sautillant à l'entour, tremblant de la quitter.
Leur aile se déploye, et de désir avide,
N'ose pas cependant se confier au vide.
Leurs guides vigilants, las de ces vains essais,
De leur propre concours espèrent le succès ;
Et pour mieux enseigner ce que d'eux ils demandent,
Volent en leur présence ; ils grondent, ils commandent,
Ils les poussent dans l'air qui, fidèle à ses lois,
S'enfle pour le fardeau dont il soutient le poids.

Les ailes à voler d'elles-mêmes savantes ,
Fendent de l'élément les campagnes mouvantes.
Bientôt s'abat leur troupe , et bientôt reposés ,
Ils prolongent le vol toujours mieux disposés.
De leur cœur par degrés à disparu la crainte ,
De vie et d'action tout porte en eux l'empreinte.
Les hardis voyageurs , dans leur essor plus fier ;
Ont désormais conquis le domaine de l'air ;
Envers elle acquittés ; de loin suivant sa trace ,
Les parents réjouis abandonnent leur race.

   Du sommet sourcilleux de ce roc escarpé
Qui menace la mer, tel que notre œil frappé
En voit à Saint-Kilda (1), dont la lointaine plage
Du soleil qui se couche abdique le mirage
Et cède son aspect à l'indien jaloux ;
L'oiseau de Jupiter lance , dans son courroux ,
Ses généreux aiglons aux ardentes prunelles ,
Aux serres égalant les serres paternelles;
Il leur donne à leur tour le droit de commander
Un royaume qu'ils sont habiles à fonder ;
Il les bannit du fort , siége d'un noble empire
Que les efforts du temps n'ont jamais pu détruire ,
Et qu'il maintient toujours contre tous les dangers ;
Bien qu'aimant à chasser sur les bords étrangers ,
Son fier essor l'emporte à des îles distantes.

   O retraite pour moi douce et des plus tentantes ,
Où l'orme magnifique et le chêne imposant
Appellent sous l'abri de leur dôme plaisant
La grolle qui revient au printemps de bonne heure
Y bâtir dans les airs sa rustique demeure ,

———————————

(1) La plus éloignée des îles à l'ouest de l'Écosse.   (Note du Traducteur.)

Et babille toujours sans jamais me lasser !
Absente encor combien tu sais m'intéresser !
De ton site je vois les oiseaux domestiques ;
Je m'attache à leurs mœurs, leurs secrètes pratiques.
De la poule à mes pieds le zèle maternel
Rassemble ses poussins qui tous prêts à l'appel,
L'entourent en gloussant. Chef de cette famille
Le coq qui la nourrit, dont le courage brille
A la défendre, altier, marche d'orgueil bouffi
Et lance à ses rivaux, en chantant, un défi.
De canards dans l'étang je distingue une troupe
Qu'en nazillant leur mère à l'entour d'elle groupe.
Le cygne à la démarche, au port majestueux
Fait voile ; au zéphir calme il livre, gracieux,
Son plumage de neige, et de son col qu'il arque
Aide ses pieds rameux ; des ondes le monarque
S'avance noblement et veille aux environs
Sur ses petits nichés dans un ilot de joncs.
Le coq d'Inde menace en sa vaine colère ;
Tandis qu'éblouissant d'une splendeur princière,
De ses mille couleurs aux regards du soleil
Le magnifique paon étale l'appareil,
Déployant sur ses pas sa pompe sans rivale,
Pour couronner enfin la scène pastorale,
Le pigeon amoureux s'adresse en roucoulant
A la colombe, objet de son désir brûlant.
Il épuise son art pour mieux se faire entendre ;
Il la poursuit, l'invite avec un regard tendre ;
Et de son col qu'il tord, toujours se rengorgeant,
Varie à chaque instant le coloris changeant.

Mais tandis que des champs les tenanciers aimables
Se livrent avec grâce à des amours semblables,

L'espèce plus farouche en ses grossiers désirs
Convoite avec fureur de moins nobles plaisirs :
Le taureau, dévoré par le fer qui le brûle,
Et qui, comme la lave en ses veines circule,
N'est plus maître de lui ; de paître rebuté,
Et de tout aliment désormais dégouté,
Parmi l'or des genêts et l'inculte bruyère
Il erre, et de ses pas égare le mystère.
L'écume qu'en ses bonds il lance à flots brûlants
Jaillissant sur son dos couvre ses larges flancs ;
Ou bien comme frappé d'une funeste atteinte,
Triste, il sonde des bois le sombre labyrinthe.
Les frais bourgeons partout garnissent la forêt,
Jadis pour lui tentants, ils perdent leur attrait.
Souvent contre son mal il cherche à se débattre ;
Dans ses jaloux efforts il demande à combattre.
De la tête heurtant le tronc d'un arbre vieux,
Sa fureur croit percer un rival envieux.
Mais le rencontre-t-il ? Le sanguinaire drame
Commence sans tarder. Leurs yeux lancent la flame,
Et leur rage s'exhale en long mugissements.
Du sol que leur pied frappe et creuse à tous moments
Le sable vole au loin. D'une ardeur téméraire
Ils menacent de mort chacun son adversaire,
Et grondant avec force engagent le combat :
Tandis que la génisse, objet du fier débat,
Belle et voisine d'eux, excite leur courage.
Le coursier qu'à son tour a saisi même rage,
Cesse de respecter et la bride et le frein.
De nombreux coups de fouet sur lui pleuvent en vain,
Il y reste insensible et porte haut la tête.
Entraîné puissamment et sans que rien l'arrête,
Il cherche à retrouver des plaisirs bien connus.

Parmi les rocs , les monts, plein des feux de Vénus ,
Dans les fourrés il vole en proie à leur empire ,
Il gravit les hauteurs, il hennit, il aspire
L'air qui l'enivre. Puis , redescendant des monts
D'où roulent les torrents impétueux , profonds,
Et sans craindre les lieux où l'onde trop rapide
En tournoyant oppose une barre homicide ,
Aveugle , il les franchit , tant un pouvoir vainqueur,
Frémit dans tous ses nerfs et fait battre son cœur.

Le printemps qui partout étend son influence
Sur les monstres des mers n'a pas moins de puissance.
A la vase échappés , ils quittent les bas fonds,
Ou suscités soudain de leurs antres profonds
D'un frénétique accès chacun'devient la proie,
Saute massivement , plonge , bondit de joie.
Mais , si ma muse ici devait dans ses accords
D'animaux plus cruels exprimer les transports,
Ces étonnants transports, rebelles au génie ,
Prêteraient à mes chants une horrible harmonie.
Des hôtes des forêts quand la férocité
S'augmente encor des feux d'un amour indompté,
Qui pourrait la dépeindre? Alors que retentissent
De tant d'affreuses voix qui grondent ou rugissent,
Les déserts effrayés que remplissent leurs cris?
A l'aimable beauté d'ailleurs , pour qui j'écris
De semblables tableaux donneraient l'épouvante.
La muse me conduit , gravissant une pente ,
A ce mont d'où le pâtre assis sur le gazon
Contemple le soleil glissant sous l'horizon.
Suspendus aux doux sons de sa flûte champêtre ,
Près de lui ses moutons ont oublié de paître;
Tandis que leurs agneaux s'agitent en tous sens ,

Et prolongent, joyeux, mille jeux innocents.
De courir, tout-à-coup éprouvent-ils l'envie,
Tous se sont élancés ; leur troupe réunie
Fuit, agile et circule autour de la hauteur
Qui servit autrefois de rempart protecteur ;
Quand dans les temps anciens, ces temps de barbarie,
De Bellone acharnée épuisant la furie,
Le Breton jusque-là désuni, dispersé,
Voyait couler son sang incessamment versé :
Avant qu'il eût conquis cet état politique,
Garant certain de l'ordre et de la paix publique
Où le commerce actif, des nations trésor,
Et l'opulence au ciel lèvent leur tête d'or :
Enfin, plus doux trésor, étonnement d'un monde,
Avec la liberté la loi qui la féconde.

A ce souffle puissant, langage plein d'appas,
Que sentent les oiseaux et qu'ils n'entendent pas ?
O sages, dites-moi qui donne tant d'empire ?
L'art d'aimer, ses secrets qui donc les leur inspire ?
Qui les rend en un mot si savants en amour ?
Dieu qui fait tout : Il faut l'avouer sans détour.
Qui seul, esprit sans borne, incessante énergie,
Pénètre dans les corps, produit cette magie ;
Meut, balance, soutient, règle tout à propos,
Seul travaille sans cesse et seul semble en repos.
Tout dans le plan parfait, si complexe des choses,
En cache à nos regards les admirables causes :
Mais aux yeux éclairés l'auteur, quoique voilé,
Par ses œuvres pourtant s'est toujours révélé ;
Surtout dans les tableaux que ton aspect ramène,
O printemps, il sourit à travers chaque scène.
La terre alors, l'eau, l'air attestent sa bonté,

Qui marche de concert avec la volupté ,
Entraîne doucement la création brute ,
Soumise à des désirs auxquels elle est en butte ;
Qui l'obligent à faire , écoutant leur appel,
De tendresse et de joie un échange annuel.

Mais il est temps de prendre un essor plus sublime ,
Et chanter du printemps sur l'homme qu'il ranime
Le pouvoir inspirant; quand la terre et les cieux
Pour relever son être et pour le rendre heureux ,
Conspirent à l'envi, dans une ivresse pure ,
Ne doit-il pas se joindre à toute la nature
Qui maintenant sourit ? des tristes passions
Son sein doit-il sentir les agitations?
Quand tout souffle est la paix , tout bois la mélodie ?
Oh ! sur-le-champ quittez, par vos pas enlaidie,
La route où le printemps étale son trésor :
Délaissez ces beaux lieux , vous qui n'aimez que l'or.
Oui , fuyez de la terre, enfants impitoyables
Toujours sourds aux douleurs qu'endurent vos semblables ;
Avares envers eux et prodigues pour vous.
A leur place accourez, cœurs généreux et doux ,
Ames où la bonté dont vous êtes l'ouvrage
Brille comme un rayon de sa céleste image ;
Et sur votre front calme , en votre œil libéral
Au timide malheur semble faire un signal.
L'active charité n'attend pas qu'on l'invoque ;
Les secours à donner, votre main les provoque :
Du malheureux sans pain , au rude hiver livré,
Vous ne laissez jamais l'asile inexploré.
Souvent ainsi que Dieu , dans le sein du mystère,
D'un être abandonné soulageant la misère,
Vous éloignez de lui les rigoureux autans,

Et grâce à vous, toujours on connaît le printemps.
Des nuages chargés d'une fertile pluie
Versent à votre voix l'abondance et la vie.
Le soleil vous emprunte un éclat plus flatteur ;
Du genre humain, ô vous, et l'élite et la fleur !
Revivant dans ces jours , pour elle jours de fête ,
La pâle maladie a relevé la tête :
La force lui revient et la création
Près de vous prend un air de jubilation.
Votre contentement, que l'ivresse accompagne,
A travers la clairière ou la riche campagne ,
Errant en liberté , goûte alors un bonheur
Dont les rois ne sauraient acheter la douceur.
Le calme heureux de l'âme éveille la pensée :
La contemplation bientôt est exercée.
L'amour de la nature arrive par degrés ,
Echauffe notre sein, tant qu'enfin enivrés,
Une sublime extase annonce sa présence ,
Exaltés jusqu'à Dieu , nous sentons sa puissance ;
Et du grand être, au gré d'un transport amoureux,
Nous goûtons le bonheur, voyant un monde heureux.

De tes nobles plaisirs tel est le caractère ;
O toi que la raison d'un pur rayon éclaire ,
Cher Lyttelton , ainsi de douces passions
Ton âme à chaque instant sent les impressions.
Quand tu marches pensif en courtisant ta muse ,
Elle à son tour se rit d'une ardeur qui l'amuse,
T'entraine aux parc d'Hagley, la Tempé des Bretons.
De ce site suivant les sinueux vallons
Sur la tête desquels des bois penchent leurs ombres,
Et flanqués à l'entour de rocs mousseux et sombres,
D'où l'onde, en jets brillants, part, s'élance, jaillit,

Et plus bas la cascade avec bruit retentit ,
Et perçant à travers les arbres de la rive ,
De ses vives couleurs offre la perspective ;
Tu te glisses et vas chercher dans les taillis ,
Ces chênes imposants que le temps a vieillis ,
Et qui négligemment groupés par la nature
Penchent autour des monts leur verte chevelure.
Tu t'assieds, du bétail le long mugissement
Et des troupeaux laineux le faible bêlement
Font rêver ta pensée ainsi que la musique
Des oiseaux, gais acteurs dans la scène rustique.
Au sein du calme heureux, le zéphir murmurant ,
Accompagne la voix du ruisseau, qui, courant,
Sur des plantes souvent obstacles à sa route ,
Lutte en faisant un bruit qu'avec charme on écoute.
Tu quittes les plaisirs que je viens de tracer,
Dans le monde physique on te voit t'enfoncer ;
Monde frappant toujours , texture merveilleuse ,
L'investigation ou savante ou pieuse.
Par la main de Clio ses fastes déroulés
Font passer sous tes yeux les siècles écoulés;
Plein de philantropie et dédaigneux, en sage ,
De l'esprit de parti , tu te sens le courage
De montrer aux Bretons, en éclairant leur cœur ,
La route qui pour eux est celle du bonheur.
De tirer les vertus et les arts qui succombent,
Hors du gouffre vénal où les esprits retombent.
Aux muses ont cédé de si graves objets :
Elles viennent t'offrir les plus riants sujets ;
Ton goût sûr du parfum d'antiques poésies ,
S'enivre, et par ton art tu te les appropries.
Peut-être ta Lucinde , objet si plein d'appas ,
Dans tes excursions accompagne tes pas.

Sur le ton de la tienne elle a monté son âme ;
A ton regard déjà que son regard enflamme
La nature sourit : elle parle d'amour.
D'un monde corrompu qu'agite nuit et jour
De folles passions l'atteinte dangereuse,
Disparaît à tes yeux la face malheureuse.
Le cœur de ton amie est paix, tranquillité,
Et verse dans le tien ses trésors de bonté.
Variant l'entretien, de tout ce qui t'attriste,
Elle chasse d'un mot l'impression trop triste.
Tu t'arrêtes souvent, et ravi, dans ses yeux
Où brille pleinement l'accord harmonieux
D'une douce raison, d'une grâce touchante
Et d'un esprit piquant qui t'éveille et t'enchante.
Tu puises cette joie et ce transport divin,
Ineffable, qu'on cherche à reproduire en vain,
Et qu'amour seul accorde au peu d'élus qu'il aime.
Tu gravis la hauteur, et de ce point extrême
Un riche paysage à tes regards s'étend :
Des plaines, des coteaux avec grâce montant,
De tranquilles vallons, des bois, des champs fertiles ;
Près de terrains noircis aux bruyères stériles,
Des prés ornés de fleurs, des villages parfois
D'arbres environnés, tu découvres les toîts :
Plus loin sur leurs clochers des aiguilles assises
Dominant dans les airs le faîte des églises,
T'annoncent des cités, ainsi qu'aux environs
La fumée en colonne échappée aux maisons.
Ta vue après s'abaisse, elle observe à cette heure
L'asile hospitalier et dernière demeure
Des hommes de génie y mourant ignorés.
Voisin de là le sol s'élève par degrés.
Tu vois de rocs à pic la forme menaçante ;

Enfin dominateurs par leur masse géante ,
Les monts de la Cambrie à tes yeux incertains
Figurent dans l'azur des nuages lointains.

Animé par le feu de la saison nouvelle ,
De la Vierge le teint que ce feu renouvelle , ·
Fleurit et se revêt d'un plus vif incarnat :
Ses lèvres au printemps empruntent leur éclat,
Leur suave parfum : elle rêve, soupire
Et demande un amant à l'air qu'elle respire.
Ses yeux que la pudeur tenait demi voilés,
D'un fluide brillant étincellent gonflés ;
Incessamment en proie au trouble qui l'agite,
D'insolites désirs son sein bat et palpite.
A de tendres langueurs tout son être livré
S'abandonne à l'amour dont il est dévoré ;
Son regard est de flamme et celui qu'il embrase
Y puise l'aliment d'une céleste extase ;
Loin d'elle il ne saurait exister désormais.
Gardez que votre cœur vous égare jamais ,
Jeunes beautés , soyez discrètes et prudentes
Redoutez les soupirs , les plaintes décevantes ,
De l'amant, ses regards vers la terre baissés ;
Craignez jusqu'à ses pleurs à tromper exercés.
Suppliant , et pourtant plein d'un désir coupable
Il cache ses projets sous un langage aimable.
Que le traître jamais par de flatteurs propos
N'emporte la victoire avec votre repos !
Gardez surtout d'errer dans le bois solitaire ,
Vous offrant ses tapis à l'heure du mystère ,
Où des roses en couche invitent à s'asseoir ;
De ses voiles pourprés quand s'embellit le soir ;
Craignez d'y rencontrer un être qui vous trompe !

5

Mais à la fleur des ans et paré de leur pompe,
Sur lui-même que l'homme, en faisant un retour,
Apprenne à redouter le dieu qu'on nomme amour !
Qu'il sache résister au pouvoir d'un sourire !
Il est déjà trop tard, de l'enivrant délire
Quand le torrent rapide a coulé dans son cœur.
La sagesse à l'instant cède au charme vainqueur;
La gloire désormais avec la renommée
Paraissent à ses yeux une vaine fumée :
Cependant que, jouet de folles visions,
A travers le miroir de ses illusions,
Son âme ne voit plus que l'être qu'il adore :
Ce port noble, ce front que la grâce décore,
Ces regards qui pour lui vive image du ciel,
Déguisent bassement un cœur faux et cruel;
Tandis que cet objet d'une aveugle tendresse
Aux doux sons de sa voix, syrène enchanteresse,
L'entraîne subjugué par de charmants accords,
Vers un Eden perfide et de coupables bords. (1)

Et parmi les plaisirs où son âme se noie,
Recueille-t-il du moins quelque réelle joie?
Non ; la voix de l'honneur vient les lui reprocher;
En vain par ses accords cherchant à le toucher,
La musique savante épuise l'harmonie,
De vins exquis en vain la saveur est unie
Aux parfums que répand la salle du festin ;
Sous des roses armé d'un perfide venin,
Le cruel repentir siffle, lève la tête

---

(1) Toute cette peinture si étendue et si bien développée de l'amour déréglé est d'une vérité telle qu'on pourrait croire que Thomson en a pris l'idée parmi nous ; il est probable que cette passion a les mêmes symptômes et les mêmes effets chez toutes les nations. *(Note du traducteur.)*

Et lance dans son cœur une atteinte secrète ;
Dans ce cœur où souvent les nobles sentiments,
Jaloux de triompher de honteux mouvements,
Luttent pour s'affranchir du poids qui les oppresse.

Et de la même amante a-t-il dans sa tristesse
A déplorer l'absence ? Oh ! combien de terreurs,
(L'imagination se repaissant d'erreurs),
Bouleversent son âme, accablent ses pensées,
Et suspendant la vie en ses veines glacées,
Décolorent ses traits et flétrissent ses jours !
La fortune de lui s'éloigne pour toujours
Et punit ses dédains. Au pays des chimères
Il erre, il a perdu le soin de ses affaires ;
Sa ruine s'approche et s'est fait pressentir :
D'un voile sombre alors tout vient se revêtir.
Le printemps montre-t-il son sein paré de roses,
Son chagrin s'en accroît, et las de toutes choses,
De la voûte des cieux la splendide clarté,
S'efface et semble fuir son regard attristé.
La nature s'éteint, et celle qu'il adore,
Qu'il voit, entend partout, qui partout le dévore,
Objet qui seul excite, attise son ardeur,
Domine dans ses sens et brûle dans son cœur.
Ses livres, il n'y voit qu'un ennui dogmatique ;
L'amitié l'importune, et seul, mélancolique,
De la société qu'il trouve sans attrait,
Il se tient à l'écart, inattentif, distrait.
S'il commence un discours, dès la première phrase
Il s'interrompt, tandis que son âme en extase,
Ne pouvant maîtriser un élan amoureux,
Vole vers la beauté qui doit le rendre heureux.
Il offre en cet instant, dans sa morne apparence,

Du type d'un amant l'exacte ressemblance :
L'air lugubre , le corps, de douleur affaissé ,
Le regard abattu , jusqu'à terre baissé.
Mais il tressaille enfin , il sort de son ivresse ;
Il court , il va chercher dans , l'ardeur qui le presse ,
Ces vallons que le jour n'éclaire qu'à demi ,
Ou bien la forêt sombre et son ombrage ami.
Là , les pâles rameaux qui se courbent sur l'onde ,
Jaillissant avec bruit , à sa douleur profonde ,
Mêlent un charme heureux. A la chûte du jour
C'est là qu'il se promène et ne rêve qu'amour :
Ou bien parmi des lis à la tête penchante ,
Étendu sur la rive , à celle qui l'enchante ,
D'un ton triste , il s'adresse , accuse ses malheurs ,
Gonfle l'air de soupirs , grossit l'onde de pleurs :
De la reine des nuits lorsque le diadême
Découvre à nos regards sa majesté suprême ,
Des nuages légers lorsque se dégageant ,
Elle s'élève aux cieux sur un trône d'argent ,
Il quitte cet asile ; alors à l'aventure
Aux rayons tremblottants de la pâle figure ,
Il aime à cheminer. En ce même moment
Son âme croit sentir quelque soulagement.
Aux funèbres oiseaux qui commencent leur veille ,
Il demande une plainte à la sienne pareille :
Et tandis que Morphée à l'heure du repos ,
Sur l'univers tranquille effeuille ses pavots ,
Et livre au doux sommeil les enfants de la peine ,
Des ombres que minuit à son retour ramène ,
Son esprit prend la teinte , et le flambeau discret,
Mystérieux témoin de son trouble secret,
Le contemple , à l'amour empruntant ses images .
Et versant ses tourments en d'éloquentes pages

Qu'il remettra demain au messager d'amour.
Quel feu dans cet écrit ! Quels transports tour-à-tour !
Quel délire enivrant ! Quelle céleste extase,
Ou plutôt frénésie, anime chaque phrase !
Ce désordre le suit jusque sur l'oreiller :
Épuisé de fatigue, il ne peut sommeiller.
Pendant la nuit entière, il se tourne, s'agite.
Vains efforts, le sommeil qu'il implore, l'évite ;
Et le pâle matin dont les rayons ont lui
Éclaire un malheureux plus pâle encor que lui,
Consumé par l'amour. Peut-être sous la lutte
Des pénibles tourments auxquels il est en butte,
A cette heure tardive il s'endort accablé.
D'étranges visions son sommeil est troublé ;
L'imagination qui toujours se promène,
De bizarres tableaux anime chaque scène.
Ici, joyeux, il parle à l'objet adoré ;
Puis, triste, par la foule il s'en voit séparé.
Il va porter ses pas dans l'asile de Flore ;
Et sous les frais berceaux que Vertumme décore ;
Si pour éviter l'homme et son aspect fâcheux,
Il erre tout entier à son délire heureux,
Et se sent soulagé du mal qui le tourmente,
Crédule, quand il croit posséder son amante,
Sa main quitte la sienne, et sans savoir comment,
Il se voit emporté, dans son étonnement,
Au travers de forêts, d'immenses solitudes :
Il foule des terrains infréquentés et rudes,
D'où l'homme a reculé son habitation ;
Lieux peuplés par le deuil, la désolation.
Entouré d'ombre, il marche, et sans que rien l'arrête,
Aux lueurs de l'éclair, au bruit de la tempête ;
Et tantôt il retient ses pas aventureux,

Et recule à l'aspect d'un précipice affreux.
Sans en sonder le fond, d'une ardeur intrépide
Voici qu'il passe à gué la rivière rapide ;
Il cherche à prolonger un téméraire effort,
Impatient toujours, veut gagner l'autre bord,
Où les bras étendus, son amante plaintive
Implore son secours, et l'attend sur la rive :
Mais il s'épuise en vain: les indociles flots,
Refusent d'obéir à ses désirs nouveaux.
Entraîné par la vague à de grandes distances,
Sur son dos il franchit des espaces immenses:
Puis maîtrisé par elle, il s'enfonce, il périt.

Et voilà les tourments que notre cœur chérit.
Tant l'amour se complaît dans sa propre misère !
Mais que la jalousie y pénètre et l'ulcère,
Cette misère alors perd son rspect charmant.
L'amant ne peut suffire à ce nouveau tourment.
Victime désormais d'une longue agonie,
Il ne sent que le fiel qui dévore sa vie:
Poison cruel qui ronge et la nuit et le jour,
Et fait évanouir le paradis d'amour.
Adieu, dès cet instant, riantes perspectives;
Et vous, parés pour lui des couleurs les plus vives,
Lits de roses, berceaux, asiles du plaisir ;
Pour la dernière fois souriez au désir,
Vous, rayons de bonheur. Déjà l'horrible peste
Envahit le moral, et celui qu'elle infeste,
Ne voit rien qu'à travers le plus sombre chagrin.
C'est alors que ce front radieux et serein,
Et ce teint que l'amour animait de sa flamme,
Pâlissent; que ces yeux, douce image de l'âme,
Font place à des regards mornes et soucieux,

Qui menacent de mort un objet odieux ;
Son air sombre, ses traits étincelants de rage,
Du trouble intérieur attestent le ravage,
Et leur aspect suffit pour effrayer l'amour.
Mille affreuses terreurs l'agitent tour-à-tour.
Oh! combien de rivaux éveillent ses alarmes !
Il croit les voir tout près de posséder ces charmes,
Ces charmes qu'il adore; il ne se contient plus,
Et la fureur domine en ses sens éperdus ;
En vain l'orgueil armé des dédains qu'il enfante,
La résolution qui se croit triomphante,
Pour le détacher d'elle agissent de concert
Et veulent lui donner le repos ; rien ne sert,
L'imagination revient de sa maîtresse
Offrir à ses regards l'image enchanteresse ;
Ces attraits decevants dont le pouvoir vainqueur
Lui tend le piége et cherche à retenir son cœur.
Il a cédé ; l'amour qui succède à la haine,
Frémit dans chaque nerf et bout dans chaque veine :
Et pourtant dans le doute où son cœur est livré,
D'un si cruel supplice il se sent torturé ;
Que même du malheur l'amère certitude
Au prix de cet état état serait béatitude.
L'homme ainsi s'égarant en des sentiers trompeurs,
Où l'épine toujours se cache sous les fleurs,
De plaisirs en douleurs, dans l'ardeur qui le mine,
De douleurs en plaisirs péniblement chemine ;
De son printemps la fleur dépérit chaque jour,
Et ses plus beaux moments se perdent sans retour.

Oh! combien plus heureux ceux de qui l'hyménée,
Par des chaînes de fleurs unit la destinée
Et se plaît à confondre en ces liens charmants,

La personne , les biens , le cœur , les sentiments :
Liens que trop souvent les règles sociales ,
Étrangères au cœur , à nos penchants fatales ,
Transforment en un joug accablant , odieux.
Image d'un concert suave , harmonieux ,
Dans un accord parfait les volontés se fondent.
Les cœurs à l'unisson s'entendent, se répondent.
Leur estime s'accroît du plus ardent amour;
Une pure amitié vient s'y joindre à son tour ;
La douce confiance , entière , illimitée ,
Que l'injuste soupçon a toujours respectée.
Confiance , aliment de deux cœurs bien épris :
Car l'amour , de l'amour peut seul être le prix.

Laissons le vil mortel ne songeant qu'à lui-même ,
De cupides parents acheter ce qu'il aime ;
Et plus tard , nuit et jour , de vains remords chargé
Expier un amour qui n'est pas partagé:
Laissons les habitants de la zône brûlante ,
D'une sauvage ardeur étaler l'épouvante :
Dans l'Orient laissons le despote jaloux ,
Loin de tous les regards , sous de tristes verroux ,
Reléguant sans pitié dans son humeur farouche ,
La tremblante beauté qu'il destine à sa couche ;
Ne posséder enfin qu'un être inanimé ,
Esclave du désir dont il est enflammé.
Bien différent , l'amour qu'un doux hymen épure
Avec ivresse suit les lois de la nature.
Ah! qu'est-ce que le monde ; et pour les cœurs aimants
Que sont sa vaine pompe et ses amusements ?
Ne possèdent-ils pas au gré de leur délire
Tout ce que l'esprit rêve et que le cœur désire ?
Eux-mêmes sont pour eux un tableau plein d'attraits ,

Quand chacun l'un de l'autre ils contemplent les traits ;
Lorsqu'en ces mêmes traits où l'amour se révéle
Ils lisent de l'amour l'expression fidèle.
N'y trouvent-ils donc pas, honneur, vertu, bonté,
Et tout ce que des cieux la libéralité
Verse sur les humains ? D'une aimable famille
Le premier rejeton cependant déjà brille.
Ses traits quoiqu'indécis, dans leur ensemble heureux,
Paraissent accuser les grâces de tous deux.
Cette douce fleur croît, sa corolle charmante,
Chaque nouveau matin s'ouvre plus rayonnante,
Et dans ses tons divers de rose et d'incarnat,
Du père et de la mère unit le double éclat.

Mais la raison des ans a marqué le passage,
Le moment est venu d'éclairer son jeune âge :
Il faut de cet esprit favoriser l'essor,
Et de l'instruction y verser le trésor :
Il faut mettre à profit le désir qui l'enflamme,
Et vers un noble but faire tendre son âme.
Délicieuse tâche ! Ah ! j'en appelle à vous :
Dites-moi votre joie, ô trop heureux époux,
Lorsque dans les transports d'une ineffable ivresse
Des larmes bien souvent, des larmes de tendresse
Viennent remplir vos yeux à l'aspect du bonheur,
Qui vous offre partout son spectacle enchanteur.
Contentement, aisance, aimable solitude,
Des livres qui sont chers aux amants de l'étude,
Un utile travail alterné de loisir,
Quelque ami dont la vue augmente leur plaisir ;
Progrès dans la vertu dont le saint exercice
En les rendant meilleurs, leur rend le ciel propice :
Tel est l'état de ceux qu'unit un pur amour.

Pour eux ainsi renaît, ainsi meurt chaque jour.
Les changeantes saisons qui partagent l'année
En cercle ramenant leur marche fortunée ,
Les retrouvent toujours au comble de leurs vœux.
Chaque printemps de fleurs couronne leurs cheveux.
Le terme approche enfin : terme digne d'envie ,
Serein , calme , il ressemble au reste de leur vie.
Jusqu'à ce que tout près de leurs derniers instants ,
Plus ivres d'un amour qui dura si longtemps ,
Heureux des souvenirs d'une flamme constante
Dont l'image à leurs cœurs est sans cesse existante ,
Ils s'endorment ensemble en la nuit du tombeau.
Leurs âmes maintenant en hymen aussi beau
Volent au ciel , et vont y goûter, réunies ,
D'un éternel amour les douceurs infinies.

L'ÉTÉ,

Traduction du poëme des Saisons de Thomson,

Par M. Moulas, Membre résidant.

ARGUMENT. — Exposition du sujet. Invocation. Dédicace à M. Dodington. Réflexion préalable sur le mouvement des corps célestes, d'où provient la succession des saisons. Comme la face de la nature pendant cette saison est presque uniforme, la marche du poëme consiste purement dans la description d'un jour d'été. L'aurore; le lever du soleil. Hymne au soleil. Le matin. Description des insectes de l'été. Le fenage. La tonte des bêtes à laine. Le midi. Retraite au milieu des bois. Groupe de gros et menu bétail, etc. Bocage qui répand une ombre mystérieuse. Comment cette image affecte un esprit contemplatif. Cataracte. Scène d'un aspect sévère. Tableau de l'été sous la zone torride. Orage accompagné du tonnerre et de la foudre. Épisode. L'orage passé, une belle après-midi lui succède. Le bain. L'heure de la promenade. Transition pour arriver à la peinture d'une contrée riche et bien cultivée : ce qui amène le panégyrique de la Grande-Bretagne. Le coucher du soleil. Le soir. La nuit. Météores de l'été. Comète. Le tout terminé par l'éloge de la philosophie.

Des purs champs de l'éther qu'un vif éclat colore,
L'Été, fils du soleil, radieux, vient d'éclore.
Tout bouillant de jeunesse, en sa mâle vigueur,
Il frappe la nature et la pénètre au cœur.
Il paraît entouré des heures étouffantes,
Qu'accompagnent pourtant les brises bienfaisantes.
Prêt à fuir de l'été le regard enflammé,
Le timide Printemps quitte un trône embaumé;
Sur la terre, les eaux, sur tout ce qui respire,
Abandonnant l'espace à son brûlant empire.

Glissons-nous à la hâte en cet épais fourré
Où du soleil à peine un rayon égaré

6

Se fait jour à travers la forêt ténébreuse.
Sur le gazon noirci voisin d'une onde heureuse,
Que je revois souvent, qui près du chêne vieux,
Coule et passe au-dessus de ce roc envieux,
Mollement étendu, que je chante l'année,
En son joyeux éclat de gloire environnée.

Viens à mon aide, ô toi que j'invoque ardemment,
Qu'on se plaît à chercher, qu'on trouve rarement,
Tant se dérobe à nous ton humble solitude;
Noble inspiration! en ma fervente étude,
Que je puisse saisir, plus près de toi placé,
Dans ton regard de feu vers le ciel élancé,
Le pur ravissement et l'extase secrète
Que demande mon âme et qui font le poëte.

Et toi qui caressas ma muse jeune encor,
Chez qui pour nous charmer les grâces sont d'accord ;
Ame éclairée et cœur ouvert à la tendresse,
Esprit hardi, pourtant conduit par la sagesse,
Partisan des plaisirs, ami de la gaîté,
Mais qui sait l'asservir à la moralité,
Dont l'humeur où souvent pétille la malice,
Permet à sa gaîté que la bonté s'unisse,
Pour l'honneur sans reproche, et dont le zèle actif
A défendre nos droits est toujours attentif,
Qui veille à notre gloire, aux libertés publiques,
O Dodington, souris à ces essais rustiques;
Embrasse mon sujet, anime chaque vers,
Et par là devenu l'âme de mes concerts,
Fais que je puisse ainsi mériter tes louanges !

Quel auguste pouvoir, quelles forces étranges
Ont lancé dans le vide avec précision
Les mondes si pesants, mais doués d'action?

Pendant que des humains les races sont broyées
Et de leurs monuments les traces balayées ,
Dans un ordre admirable et qui n'est pas troublé,
Les planètes toujours suivent leur cours réglé ;
A la succession des nuits , des jours , fidèles
Des saisons que le temps emporte sur ses ailes.
C'est l'œuvre de celui dont l'œil veille partout ,
Qui pèse , qui combine et qui dirige tout.

Du signe des Gémeaux quand s'éteint la lumière ,
Que le Cancer rougit sous le rayon solaire ,
De la douteuse nuit le règne devient court ,
Et bientôt averti qu'un nouveau jour acccourt ,
Le matin à l'œil doux, père de la rosée ,
Teint le pâle Orient d'une couleur rosée.
Par degrés il grandit, il s'étend dans l'éther.
Des nuages blanchis qu'il découvre dans l'air
L'essaim devant l'éclat qui jaillit de sa face,
En léger tourbillons se disperse et s'efface.
Troublée à son aspect la sombre nuit s'enfuit.
Prodigue de clartés, le jour naissant la suit.
La perspective s'ouvre et remplit l'œil avide ;
Le roc brumeux, du mont la crète encore humide ,
Grossissent à la vue, étincellent de feux.
Au loin on voit fumer les courants vaporeux ;
Le lièvre soupçonneux tressaille dans son gîte,
Sort du champ, fait un pas, recule, avance, hésite ,
Pendant qu'agilement, le long de la forêt,
Le daim bondit souvent, mais à fuir, toujours prêt ,
Epiant du passant la marche matinale ;
Des bosquets retentit la note musicale,
Pure image de joie, et des troupes d'oiseaux
D'hymnes harmonieux animent les échos.
Au chant du coq qui vient saluer la lumière ,

Le diligent berger délaisse sa chaumière,
Où cette paix qu'ailleurs on cherche vainement,
Fidèle, l'accompagne et le suit constamment.
Avec ordre assemblé, le troupeau, par son zèle,
Va paître du matin la verdure nouvelle.

Pourtant par la mollesse et le luxe gâté,
Est-il donc vrai que l'homme, en sa stupidité,
Se refuse aux transports, à la touchante ivresse
Qu'on goûte en ce moment où renaît la tendresse;
Moment délicieux, calme, frais, embaumé,
Par le recueillement, par la prière aimé?
Quoi! le sommeil a-t-il tant d'attrait pour le sage?
Et l'homme en peut-il faire un plus honteux usage?
Quoi! perdre lâchement dans un oubli de mort
La moitié de ce temps déjà trop court encor.
Des mortels plus longtemps que ne veut la nature,
Peuvent-ils sommeiller, lorsque dans sa parure,
Elle leur tend la main, les convie au plaisir;
Lorsqu'elle se ranime et permet au désir,
Par les heureux appas dont elle fait parade,
De bénir du matin la douce promenade.

Mais prêt à se vêtir de son éclat riant,
Le roi puissant du jour se lève à l'orient.
Le nuage qui fuit, l'azur plus vif encore,
L'or dont le mont déjà rayonne et se décore,
Annoncent son réveil et s'en montrent joyeux.
Chaque objet s'éclaircit et devient radieux;
Majestueux enfin il monte sur son trône,
Lançant autour de lui le feu qui l'environne.
Son immense regard a partout pénétré,
La terre humide brille et l'air est coloré.
Il verse à flots le jour qui, sans que rien l'arrête,

Sur les plaines , les bois , en jouant se réflète,
Frappe les hautes tours , glisse sur les coteaux ,
Illumine les rocs et tremble au sein des eaux
Scintillantes au loin : précieuse lumière ,
Qui du fond du chaos a jailli la première ;
De la création , ô l'élite et la fleur ,
Vive émanation de ton divin auteur !
Robe resplendissante, orgueil de la nature !
Que deviendrions-nous sans ta clarté si pure ?
L'univers que console et guide ton flambeau,
Présenterait l'aspect d'un lugubre tombeau.
Et toi , noble soleil , âme de tant de mondes
Qui goûtent le bienfait de tes flammes fécondes ,
Astre au foyer duquel tout se ranime , éclot,
Toi qui portes au front l'empreinte du Très-Haut ,
Image de ce Dieu dont tu tiens la naissance ,
Pourrai-je parvenir à chanter ta puissance ?

Par le pouvoir secret de ton attraction ,
Tout un système existe , est mis en action ,
Strictement maintenu comme par une chaîne ;
Nous le suivons depuis l'extrémité lointaine ,
Où recherchant tes feux si loin de son séjour ,
Saturne dans trente ans fait à peine son tour,
Jusqu'à Mercure , au disque à peine perceptible ,
Et que le télescope a seul rendu visible,
Tant son éclat se perd dans tes brillants rayons.

Phare majestueux , ô toi que nous voyons
Servir si constamment d'instructeur aux planètes,
Sans toi leurs facultés resteraient incomplètes ;
Leurs corps inertes, bruts, dépourvus de ressort,
Dans leur masse offriraient l'image de la mort.
Grâce à toi devenu le séjour de la vie,

Chaque orbe dans les cieux roulé avec harmonie.
Que d'êtres variés sont dépendants de toi !
En y comprenant l'homme, et leur maître et leur roi,
Doué de liberté que ton regard enflamme,
Et ces insectes vils qu'un prompt trépas réclame,
Qu'au matin ton rayon permet d'apercevoir,
Et par milliers tombant à ton rayon du soir.

Le monde végétal t'est-il moins redevable,
O père des saisons, de qui le groupe aimable
Précède cette pompe, ornement de tes pas,
Quand roulant sur ton trône à travers tes états,
Tu parcours l'écleptique en ta course brillante,
Et pares l'univers d'une clarté riante ?
En cercle cependant les peuples se formant,
Et tout ce qui du sol emprunte l'aliment,
Implorent ta faveur, ou leur reconnaissance,
Dans un hymne commun célèbre ta puissance ;
Tandis qu'on voit au haut de ton char rayonnant,
D'emblêmes variés toutes s'environnant,
Les changeantes saisons qui guident en cadence
Les heures vivement entrelaçant leur danse ;
Filles aux doigts de rose, au visage vermeil,
Les folâtres zéphirs, si doux à leur réveil,
L'onde qui doit tomber sur la terre embrasée,
Et pur présent des cieux la légère rosée ;
L'orage et la tempête à ton sceptre soumis,
Et ne nous lançant plus que des regards amis.
Tous successivement d'une main libérale
Déversent à propos sans aucun intervalle,
Les couleurs, les parfums, les plantes et les fruits ;
Jusqu'à ce que tes feux dans leur sein introduits,
Des différents terrains la face printanière
Se colore et se peint de ta riche lumière.

Ton pouvoir à cela serait-il donc borné ?
De ce sol qui, pour l'œil, est si bien dessiné,
Que coupent des vallons, que des hauteurs couronnent,
Qu'ombragent des forêts, que des mers environnent,
La couche seule encor subit-elle ta loi ?
Non, te reconnaissant de même pour leur roi,
Les minéraux cachés dans le sein de la terre,
A ton éclat vainqueur ne peuvent se soustraire ;
De là sortent le jaspe et le marbre veiné,
De là chaque instrument qui, plus tard façonné,
Pour rendre à l'artisan, à Mars, mille services,
Rayonne au jour. De là les nobles édifices,
Ouvrages de la paix ; et ce métal enfin,
De qui l'heureux échange unit le genre humain.

Jusqu'au roc qu'ont frappé tes teintes lumineuses,
Forme en ses cavités les pierres précieuses.
Le diamant y boit ton rayon le plus pur,
De compactes clartés faisceau solide et dur,
Qui plus tard, dépouillant sa forme primitive,
Désormais revêtu d'une splendeur plus vive,
Sur le sein d'une belle étincelle, orgueilleux
D'opposer son éclat à l'éclat de ses yeux.
A tes feux le rubis et s'allume et s'enflamme ;
Comme un ardent foyer son sein darde la flamme,
Et de toi le saphir, éther matériel,
Emprunte cet azur qui réfléchit le ciel.
L'améthyste pourprée en se jouant rayonne,
Du reflet violet dont le soir se couronne,
Et qui provient de toi ; dans son jaune riant,
La topaze nous rend ton sourire attrayant ;
Et lorsque le printemps rajeunit la nature,
Lorsqu'il livre aux zéphirs sa flottante parure,
Elle n'est pas d'un vert plus tendre, plus foncé,

Que la riche émeraude. Autrement nuancé
De l'opale le fond concentre en cet espace,
Tous tes traits ou plusieurs partent de la surface,
Et dans leurs jeux divers son aspect radieux
Varie autant de fois qu'on le présente aux yeux.

Dans la création, grâces à ta magie,
Est-il rien qui n'acquière un degré d'énergie ?
Tout semble respirer ; en son cours sur les prés,
L'humble ruisseau scintille épuré par tes rais.
Quand tu viens le dorer, cet affreux précipice
Qui noircissait les eaux, n'a rien dont on frémisse ;
Du désert caressé par tes vives clartés,
La joie a pénétré jusqu'aux extrémités.
Les ruines partout brillent. Les mers profondes
Pour qui d'un promontoire examine leurs ondes,
Guidant les flots légers en mobiles sillons,
Dans leur sein font frémir et flotter tes rayons.
Hélas ! ce que la muse au gré de son délire,
Pourrait trouver de chants en épuisant sa lyre,
O combien tout cela, de tant de majesté,
De puissance, d'éclat et surtout de bonté
Serait indigne ! O toi, source encor secondaire,
Qui verses ici bas la vie et la lumière !

Comment chanter celui dont tu reçois la loi,
Qui, lumière lui-même et tenant tout de soi,
Incréé, dans des flots de lumière éternelle,
Loin du mortel profane et de l'ange fidèle,
Resplendissant de gloire, habite retiré !
Dont un simple sourire a de clartés paré
Tous ces flambeaux des cieux rayonnant sous leur voûte.
Ah ! s'il voilait sa face, égarés dans leur route,
Le roi du jour troublé, tous les astres éteints,
Indécis dans leur marche, en leur principe atteints,

Sortiraient de leur sphère, et sur ce qui respire,
De nouveau le chaos étendrait son empire.

Réduit à bégayer, si l'homme confondu,
Ne pouvait pas t'offrir le culte qui t'est dû,
O père tout puissant, tout dans tes œuvres même
Parlerait hautement de ton pouvoir suprême :
Tout, jusqu'à ces forêts, ces antres reculés,
Qui, du pied des mortels n'ont point été foulés,
Te rediraient, Seigneur, toi l'éternelle cause,
Le principe, l'appui, la fin de chaque chose !

Livre de la nature où notre esprit se perd,
Je scrute tes secrets, sois-moi toujours ouvert !
Ou pour que je parcoure à loisir chaque page,
Ou pour que j'interprète un ravissant passage,
Tâche douce pour moi, tâche, mon seul plaisir,
A l'heure où je médite au gré de mon désir,
Quand des teintes du soir l'horison se colore.
Ou si lorsque j'assiste au lever de l'aurore,
L'imagination, fantôme aux ailes d'or,
M'emporte sur sa trace en son rapide essor !

Maintenant le soleil à son regard de flamme,
En air limpide fond dans les cieux qu'il enflamme,
Les nuages légers, les brouillards du matin,
Qui par bandes offraient leur aspect incertain ;
La nature partout a dévoilé sa face,
Et l'œil qui suit la terre en mesurant l'espace,
La voit au loin s'étendre et rejoindre les cieux.

Des roses recherchant le séjour gracieux,
La Fraîcheur (1) dont le front dégoutte de rosée,
Pour l'ombre des bosquets fuit la plaine embrasée ;

---

(1) La fraîcheur est ici personnifiée comme dans le texte. (*Note du traducteur.*)

Sur des lits de verdure ou des tapis de fleurs,
Les sources aux flots purs , les ruisseaux enchanteurs,
Font rêver la fraîcheur ; à tout livrant la guerre ,
La chaleur cependant domine sur la terre,
Perce de traits vainqueurs , l'homme , les animaux ,
Brûle l'herbe , la plante et rend tièdes les eaux.

　　Qui pourrait sans regret voir les filles de Flore
Qu'un souris du matin anime et fait éclore ,
Sous les traits meurtriers dont le jour les atteint ,
Résigner cet éclat qui compose leur teint ?
Telle par la douleur paraît déjà fanée ,
Une jeune beauté que la fièvre a minée.
Une seule pourtant, amante du soleil ,
A son coucher languit , implore son réveil ,
Et quand l'astre brûlant rentre dans la carrière ,
Se tourne avec amour vers sa douce lumière.

　　Mais du matin le pâtre a fini le labeur ,
Et le troupeau qu'il guide avec moins de lenteur,
S'en retourne au bercail. La vache nourricière
Avertit en beuglant qu'il est temps de la traire.
Et l'heureuse famille , avec avidité ,
Attend son aliment , doux trésor de santé.
La grolle, le choucas, la pie , à de vieux chênes,
Qui cachent, l'enlaçant comme d'autant de chaînes ,
Le paisible village en leurs riants rameaux ,
De leur vol fatigués demandent le repos ;
Ils attendent perchés, sous cet épais ombrage ,
Que le midi brûlant ait épuisé sa rage.
Les poules , les canards , fuyant la basse-cour ,
Sous ces arbres touffus se groupent à leur tour ;
Auprès d'eux étendus à très-peu de distance ,
Le chien dont rien ne peut tromper la vigilance ,
De la ferme gardien, le lévrier oisif ,

Reposent assoupis. Dans son sommeil actif ,
Au nocturne voleur l'un croit avoir affaire,
Et par monts et par vaux en sa course légère,
L'autre poursuit sa proie. A l'instant provoqués
Par la guêpe assassine, et de son dard piqués
Chacun d'eux se réveille et la happe ou la chasse.
La muse n'exclut pas cette minime race ,
Qui , produit de l'été , bourdonne dans nos champs ;
Elle doit voltiger et bruire dans mes chants.
Petite, elle n'est pas cependant contemptible ;
Du soleil alliée à ce parent terrible ,
Elle doit sa vigueur , son feu , son aiguillon.

Leurs petits suscités par son brûlant rayon,
Dans l'air léger portés font l'essai de leurs ailes ,
Eux-mêmes plus légers ; pleins de forces nouvelles ,
Ils quittent chaque fente et ces recoins secrets ,
Où, dormant, de l'hiver ils affrontaient les traits ;
Au sortir de leur tombe , enfin pour eux commence
Un ère plus brillante, une noble existence ,
Que pare le soleil , source de la beauté.
De formes , de tribus , quelle variété ;
Et quel riant éclat ! L'instinct qui les égare
Et par qui leur ruine à présent se prépare ,
Donne à plusieurs d'entr'eux le perfide conseil
De rechercher ces eaux qu'échauffe le soleil.
Dans leurs jeux sur les flots que le courant apporte ,
Le rapide courant les brise et les emporte ;
Ou, jaloux de s'ouvrir un chemin vers le fond ,
La truite à l'œil perçant ou l'agile saumon
En passant les saisit. D'autres dans leur carrière ,
Des ombreuses forêts en suivant la clairière ,
Aiment à s'égarer ; et là, complaisamment ,
La feuille fraîche sert à leur ébattement

Et leur fournit encor le lit, la nourriture.
Certains plus délicats préfèrent la verdure,
Des prés luxuriants visitent chaque fleur ;
A connaître chaque herbe ils montrent leur ardeur ;
Le choix est important Avec sollicitude
A procréer leur race ils mettent leur étude.
Mais où donc déposer ces petits, leur amour,
Qui ne doivent pourtant que plus tard voir le jour ?...
Tandis que beaucoup vont peupler la bergerie,
Un essaim plus nombreux vole à la laiterie.
L'aiguillon de la faim le pousse au bord du seau,
Même il prétend goûter le fromage nouveau.
Mais souvent, imprudents, dans cette mer laiteuse,
Ils trouvent leur destin. Sur sa face écumeuse
Ils s'agitent alors, ils tentent de voler ;
Contre leur corps on voit leur ailes se coller,
Et d'efforts épuisé l'insecte enfin expire.

Aux mouches la fenêtre offre un destin bien pire,
Et pour elles toujours est un signal de mort.
C'est là que vit cachée, à l'ombre de son fort,
L'araignée. Elle unit la rage à l'artifice,
En un mot sur tout point, digne qu'on la maudisse ;
Là, parmi des lambeaux et des débris de corps,
Elle siège ; et pourtant elle veille au dehors
Et suit d'un œil actif sa toile qui balance ;
Vis-à-vis de sa proie, avide de vengeance,
Elle passe souvent : Tel on voit l'assassin
Tout prêt de sa victime à déchirer le sein,
Paraître tour-à-tour, s'effacer à sa vue.
La proie est-elle prise en sa chute imprévue ?
L'araignée a glissé de son tissu léger,
Et fixant sur celui qu'elle veut égorger
Ses tenailles, le coup qu'en arrière elle envoie,

Sous son air rechigné témoigne de sa joie.
L'insecte infortuné s'agite, frémissant.
Laisse échapper un cri douloureux et perçant
Qui réclame à la hâte une main secourable.

Le sol partout résonne et vit, chose admirable !
A l'heure de midi des bois l'heureux amant
N'entend pas sans plaisir le long bourdonnement
Qui frappe son oreille et qui berce le pâtre,
Assoupi, reposant sous la feuille grisâtre
De saules qui, serrés, rapprochent leur rideau
Pour venir ombrager la face du ruisseau.

D'insectes par degrés que de minimes races,
Se partageant encore en quantité de classes,
Trompent le microscope ! étonnant composé
D'atômes, d'animaux, amas organisé,
Nature, te voilà. Mais cette masse appelle
Le souffle tout puissant qui doit tomber sur elle.
Le putride marais, de vivantes vapeurs
Apporte jusqu'à nous les fétides odeurs ;
Sous ces antres masqués par une épaisse voute
Où le soleil a peine à trouver une route,
La terre est animée. A ses hôtes chéris
La fleur de nos jardins prête d'heureux abris ;
Et la pierre d'entr'eux voit une multitude,
Qui, dans ses cavités, dort sans inquiétude.
Combien par les rameaux des bois harmonieux,
Qui dansent balancés par les zéphirs joyeux,
Sont abrités ! Des fruits la pulpe délectable,
Aux vergers en nourrit une foule innombrable.
Contemplez cet étang, au-dessus de son eau
Que les herbes, les joncs revêtent d'un manteau,
Mille insectes parmi la verdure flottante

Aiment à s'égarer dans leur course inconstante.

Chaque liquide aussi, soit aigre, amer ou doux ,

Qu'il répugne , qu'il blesse , ou qu'il flatte nos goûts ,

Recèle dans son sein de ces êtres avides.

Les cristaux les plus purs, bien qu'ils paraissent vides ,

Transparent tout comme eux ; l'air subtil et tenu ,

Est rempli de ce peuple invisible, inconnu.

Et c'est dans sa bonté qu'un Dieu qui sur nous veille ,

De ses savants travaux nous cache la merveille.

Car des mondes divers , l'un sur l'autre agissant ,

Si nous pouvions ouïr le fracas incessant,

L'homme à ce prix fuirait d'effroi l'âme saisie ,

La coupe de nectar, le gâteau d'ambroisie ;

Et même quand Morphée effeuille ses pavots ,

Il ne pourrait jamais rencontrer le repos.

Dans sa présomption que le railleur impie

Se garde de fronder la sagesse infinie.

Comme si quelque chose était formé en vain ,

Et ne nous cachait pas une admirable fin.

Faudra-il que toujours l'ignorance grossière

Accuse en son orgueil de manquer de lumière

Le Créateur dont l'œuvre en sa dimension

Passe de son esprit la courte vision ?

Ainsi que sur un dôme aux cieux portant la tête ,

Dont une colonnade orne et soutient le faîte ,

Témoignage de l'art , la mouche de qui l'œil

Voit à peine autour d'elle , avec un vain orgueil

Oserait du palais blâmer l'architecture.

Répondez-moi , censeurs, citez par aventure

L'homme dont le regard scrutateur et savant ,

Au plan du Créateur peut lire assez avant

Pour saisir d'un seul coup l'immensité des choses ,

Et marquer sûrement leurs effets et leurs causes.

Quel esprit pourra donc prononcer hardiment
Que rien n'est à sa place en cet arrangement?
Quelqu'un aurait-t-il vu cette chaîne invisible
Des êtres, et suivi leur croissance insensible?
Puis planant des hauteurs de la perfection,
Plongé dans cet abîme où cesse l'action,
Ce néant dont l'esprit avec horreur s'éloigne?
Ah ! jusque-là du moins que notre cœur témoigne
En des hymnes sacrés montant vers ce pouvoir,
Notre amour pour un Dieu qui, sans se faire voir,
A notre âme aussi bien fait gouter sa lumière,
Qu'à nos yeux le soleil, celle qui les éclaire,
Et que lui-même tient de cet être éternel.

A ce flot de clartés, riche présent du ciel,
Qui monte, qui descend, qui paraît, qui s'efface,
Se brise en mille sens, ruisselle dans l'espace,
Les peuples en l'honneur de l'astre radieux
Entremèlent leurs chants, leurs danses et leurs jeux.
Mais vient le rude hiver sur l'aile des tempêtes,
Il disperse ces feux qui brillaient sur leurs têtes ;
Imitant ces transports frivoles, passagers,
De même les mortels indiscrets et légers,
Dans l'été de la vie, en leur route commune,
Cherchent avec ardeur l'éclat de la fortune ;
Puis de la vanité dans le vice glissant,
La mort vient tout-à-coup les ravir en passant,
Et l'oubli mérité dont leur fin est suivie
Les retranche à jamais du livre de la vie.

Sur le pré le village est déjà réuni :
Le courageux garçon par le soleil bruni,
Plein de santé, de force, et la rustique fille
Qui dans la fleur des ans s'épanouit et brille,

Semblable en son éclat à la rose d'été
Dont un soleil ardent rehausse la beauté ,
Demi nue , au corsage où l'embonpoint se joue ,
Et les grâces siégeant sur sa pudique joue.
L'âge courbé lui-même aide , et le jeune enfant
Sous le rateau qu'il traîne apparaît triomphant ;
Ou bien changeant de tâche , en sa course animée ,
Se courbe sous le poids d'une charge embaumée.
La semence au loin vole , en ligne se tenant ,
Ils s'avancent , ou bien au tour du champ tournant ,
Ils placent au soleil leur moisson odorante,
Qui répand , grâce à lui , sa fraîcheur bienfaisante ;
Et tandis que le sol de verdure paré
Leur cède ses longs flots qui délaissent le pré ,
Couronnant des faneurs le travail qui s'achève,
La meule derrière eux avec ordre s'élève.
Toutefois se faisant entendre à l'unisson
De vallée en vallée et ne formant qu'un son ,
Leurs voix que , réveillé , partout Zéphir envoie
Sont les voix du labeur, de l'amour , de la joie.

    Par-delà rassemblés en joyeux pelotons ,
Ils chassent devant eux des troupeaux de moutons
Qu'une foule de chiens accompagne et surveille
Et guide vers les flots dans leur course pareille ,
Aimant à se mêler pour former un étang.
L'un des bords est à pic , l'autre incliné d'autant ,
Au loin sur des cailloux roule ses eaux rapides.
Près de l'escarpement les animaux timides ,
Avec ardeur pressés , refusent d'avancer.
Hommes , valets et chiens tentent de les pousser
Par leurs cris , leurs efforts ; toujours la gent peureuse
Veut dérober aux eaux sa dépouille laineuse ;
Toujours elle résiste et , souvent le berger ,

Irrité de les voir redouter le danger,
En saisit quelques-uns et dans l'onde les lance.
Plus courageux dès-lors, ils prennent confiance,
Ils plongent sous les flots dont leur corps est baigné,
Et cherchent à gagner le rivage éloigné.
Tout cela répété, tant qu'enfin abreuvée,
Leur toison par les eaux ait été bien lavée :
Loin de ces flots impurs que le courant conduit,
La truite délicate a quitté son réduit.
Fatiguée à présent cette innocente race
S'avance lentement, grimpe et va prendre place
Sur le bord que Zéphir est jaloux d'habiter,
Et se montre au soleil qui vient le visiter.
La voix de leur douleur frappe alors les campagnes :
De rochers en rochers les échos des montagnes
Vont répéter partout leurs bêlements plaintifs.
Aussi blancs que la neige on les retient captifs,
Et pressés dans un parc que défend une claie,
Tête par-dessus tête ; près d'eux, rangés en haie,
Les bergers prennent place, aiguisent leurs ciseaux.
La fermière de l'œil suit ces trésors nouveaux
Que convoitent ses vœux. De ses filles près d'elle
Dans leurs plus beaux atours brille l'essaim fidèle.
Ainsi que sur un trône, une avec dignité,
Des autres se distingue et les passe en beauté,
Elle figure ici la reine pastorale ;
L'on surprend ses regards lancés par intervalle
Sur le berger vainqueur qu'elle a choisi pour roi :
Tandis que du plaisir suivant la douce loi,
Séduit par la gaîté dont l'attrait le convie,
Chacun plaisante, rit sans fiel et sans envie.
Leur tâche se poursuit déjà diligemment.
Dans un vase, les uns avec empressement
Agitent le goudron liquéfié d'avance ;

7

Les autres sont tout prêts en leur impatience
A graver sur le flanc de l'animal qui fuit,
Tondu nouvellement et que leur pas poursuit,
La marque de son maître ; et venant à l'atteindre
Ils bravent un courroux dont ils n'ont rien à craindre.
Par le même principe , on en voit quelques-uns
Soumettre le mouton aux ciseaux importuns
Auxquels il se soustrait. Un des valets de ferme
Par les cornes saisit , contient d'une main ferme
Le bélier indigné qui veut se révolter ,
Et malgré ses efforts parvient à le dompter.
Voyez comme lié , dépouillé de sa robe ,
Que l'homme, par besoin , recherche et lui dérobe ,
L'homme maître de tout , à la loi du plus fort
L'animal se résigne en attendant son sort !
Oh ! comme son regard est doux , mélancolique ,
Et que son attitude est humble et pacifique !
Inoffensive race ! ah ! cessez de trembler ,
Le couteau meurtrier va-t-il vous immoler ?
Non, du pâtre soigneux c'est l'instrument docile
Qui s'acquitte à présent d'une tâche facile.
Pour payer un tribut que réclame chaque an ,
Il vient vous emprunter un fardeau bien pesant ,
Celui de vos toisons , et puis il vous renvoie
A ces coteaux riants qui faisaient votre joie.

Simple tableau peut-être , et c'est de là pourtant
Que tire sa grandeur , son pouvoir important,
Notre état ; c'est par là que la Grande-Bretagne
Faisant briller au loin l'éclat qui l'accompagne,
Impose les climats favorisés des cieux
Et sait s'approprier les trésors précieux
De leur ardent soleil sans redouter sa rage.
C'est de là que son sol par l'actif labourage ,

L'industrie et les arts devient riche et fécond :
Par là que pour frapper dans leur effroi profond
Les peuples , sur les flots sa foudre monte , vole ,
Et dans ce moment même épouvante la Gaule
Qui se courbe à l'aspect d'un juste châtiment :
Et par là qu'au milieu d'un terrible élément
L'Angleterre le dompte et gouverne le monde.

C'est l'heure de midi , les feux dont nous inonde
Le monarque du jour , en rayons verticaux
Frappent directement sur nous. Immenses flots
Sur les cieux , sur la terre , aussi loin que la vue ,
Enfin à l'horizon, mesure d'étendue ;
Eblouissant déluge! Et tout en cet état
D'un pôle à l'autre pôle est uniforme éclat.
C'est en vain que les yeux s'abaissent vers la terre
Pour trouver la fraîcheur ; les vapeurs qu'elle enserre
Embrasent en montant par leur réflexion.
Les végétaux soumis à la même action
S'en ressentent , brûlés jusque dans leurs racines ;
Le champ fendu s'entr'ouvre et les tristes collines
Etalent aux regards une aride couleur
Qui flétrit la pensée et dessèche le cœur.
L'écho ne nous rend plus , délaissé par la brise,
Le son réjouissant de la faulx qu'on aiguise.
Le faucheur abattu , sur la terre couché ,
Du foin humide encor dont le sol est jonché
Et qu'embaument les fleurs , s'occupe sans relâche
A former un amas qui le couvre et le cache ;
De quelque sauterelle autour du pré muet
Le monotone cri s'entend ; avec regret ,
La nature respire , elle-même , la source
Au loin semble languir , ou bien hâtant sa course
A travers la clairière où résonne sa voix ,

S'enfonce impatiente en l'épaisseur des bois.

Feux qui subjuguez tout ! ah ! soyez moins sévères ,
Désarmez à ma voix vos rapides colères :
Mais toujours vous coulez en torrents débordés ;
A des torrents brûlants toujours vous succédez
Et ruisselez sur moi. Vainement après l'ombre
Je soupire , m'agite et cherche la nuit sombre.
La nuit est loin encore et l'astre dévorant
Me réserve plus tard un supplice plus grand.
Trois fois heureux celui qui sous l'abri rustique
De forêts ornement d'un coteau romantique
Par elles protégé , se repose couché ;
Ou dans des antres frais qui le tiennent caché
Contemple les festons du riant chèvrefeuille
Qui tapisse leurs bords , et rêveur y recueille
Le bruit délicieux des murmurantes eaux ,
Sous ces voûtes courant en limpides ruisseaux.
Lui seul calme , tandis ailleurs que tout le monde
Que Phœbus irrité de ses clartés inonde,
S'agite sous leurs jets brûlants , impétueux :
Emblême bien frappant de l'homme vertueux
De qui la conscience est toujours pure et libre
Et chaque passion en parfait équilibre ,
Pendant qu'autour de lui , par le vice enflammé ,
De tourments incessants chacun est consumé.

Salut, bosquets feuillus, salutaires ombrages ,
Pins, chênes révérés , et vous frênes sauvages
Frémissant au-dessus de cet escarpement :
Oh ! combien je vous dois en un pareil moment !
Votre fraîcheur flatteuse est agréable à l'âme.
Comme au cerf poursuivi que la meute réclame ,
La source jaillissante ou l'abondant canal

Dont pour laver ses flancs il cherche le cristal ,
Tandis qu'il suit ses bords que des herbes recouvrent.
Pour vous goûter les nerfs et les veines s'entr'ouvrent ;
Le cœur bat satisfait ; en leur vivacité
Et la vue et l'ouïe ont plus d'activité ;
Chaque artère frémit : la sève de la vie
Dans le corps allégé circule rajeunie.

Autour du clair ruisseau qui d'un cours inégal
Murmure tout le long de ce bosquet vocal ,
Qui contre un roc , tantôt lutte, et heurte son onde
Et tantôt hâte moins sa marche vagabonde ,
Se frayant un chemin à travers les roseaux
Dont ce tranquille étang a tapissé ses eaux ;
Dans ses bords imprévus ici torrent rapide
Et qui plus loin figure une plaine limpide ;
De troupeaux différents un groupe vient s'offrir :
Confusion rustique. Au gré de leur désir ,
Sur des bords verdoyants les uns ruminant, gissent ;
Dans la mare debout d'autres se rafraîchissent ,
Et se penchent parfois pour en goûter les eaux :
Au milieu d'eux le bœuf , lassé de ses travaux ,
A l'air peu gracieux , mais serviteur honnête
Que souvent par caprice on voit branler la tête ,
Et dont l'agile queue a grand soin d'écarter
Les insectes nombreux prêts à le tourmenter.
Sans crainte le berger de ce peuple le maître
Sommeille et fait tableau dans ce site champêtre ,
Couronnant de son bras d'assez loin aperçu
Sa tête qui fléchit sous un tertre moussu :
Sa panetière ici, de mets sains bien fournie ,
Là son chien vigilant qui lui tient compagnie.

Mais de ses yeux bientôt fuit le léger sommeil ,
Si des taons irrités amènent son réveil :

Ennemis des troupeaux dont la course hâtée
Quitte ces lieux et cherche une rive écartée
Plus abondante en eau. La voix du pâtre en vain
Rappelle le bétail qui poursuit son chemin.
Ils dédaignent les cris, ils traversent la plaine
Sans craindre du midi la dévorante haleine.
Leur souffle sous l'effort prêt à rester captif
De monts en monts prolonge un meuglement plaintif.

Dans la même saison soumis à ces piqûres,
Et lassé d'éprouver leurs cuisantes injures,
Le cheval dont les nerfs se gonflent sur son flanc,
En sa mâle vigueur, incité par le sang,
D'un seul bond tout à coup a franchi sa clôture.
Egaré dans les champs il court à l'aventure,
Indépendant et fier, à la crainte étranger;
Vers ces flots que de bois l'abri vient ombrager,
Il s'élance. Au courant sa robuste poitrine
Opposée en rempart, le dompte, le domine.
Sa dévorante soif qu'il ne peut apaiser
Absorbe la rivière et voudrait l'épuiser,
Et ses naseaux fumants au loin agitent l'onde.

Oh ! laissez-moi percer l'obscurité profonde
De ce taillis sauvage en liberté croissant,
Où des arbres touffus vers le ciel s'élançant
Commandent à ce mont que domine leur ombre.
D'un pas lent, solennel, j'arrive en ce lieu sombre :
Plus j'y pénétre et plus compagnons de l'effroi,
Le silence et la nuit règnent autour de moi.

C'est là dans ces forêts propices à l'étude
Que les Bardes anciens cherchaient la solitude
Et méditaient : et c'est là qu'en extase ils sentaient
Le souffle inspirateur; le monde, ils le quittaient;

Avec charme ils goûtaient le commerce des anges ;
Et d'esprits immortels sous des formes étranges
S'offrant à leurs regards , messagers gracieux,
A leur aide envoyés par le maître des cieux ,
Pour indiquer de près les bords du précipice
Où penche la vertu luttant contre le vice,
Pour glisser doucement en hâtant le réveil,
Ou par songes fréquents sans troubler le sommeil
Dans l'âme favorite une noble pensée ;
Préparer sa vigueur de combattre lassée
A de nouveaux combats ; du poëte adoré
Pour élever la lyre en un hymne sacré ;
Du mérite mourant pour calmer la souffrance ;
Du patriote pur dont la haute vaillance
Quand une guerre injuste invoque son concours ,
Reste oisive , et pourtant est prodigue de jours ,
En de nobles combats, pour épargner la vie ;
Et par leur entremise et touchante et chérie ,
Prêts à rendre aux mortels que leur zèle conduit ,
Mille offices d'amour et le jour et la nuit.

Tout-à-coup j'aperçois des figures sans nombre
Qui, transfuges des cieux , glissent à travers l'ombre ,
Ou d'un air imposant marchent auprès de moi.
Je tressaille. Un plaisir mêlé d'un saint effroi ,
Un trouble tout nouveau me pénètrent ensemble ;
Je demeure interdit. Alors, il me le semble ,
Une voix plus qu'humaine a tenu ce propos ,
L'imagination en a gravé les mots :
« Mortel, notre parent , ah ! cesse de nous craindre ;
» Tes semblables jadis (il n'est pas temps de feindre)
» Du même Créateur nous reçûmes le jour.
» Nous avons mêmes lois, même but, même amour;
» Du monde ainsi que toi sur la mer orageuse

» Lancés, et le jouet d'une tourmente affreuse,
» A combattre les flots qui nous fermaient le port
» Quelques-uns d'entre nous usèrent leur effort,
» Avant de conquérir l'état exempt d'alarme,
» La pureté, la paix dont nous goûtons le charme.
» Bannis donc la terreur, fidèle à tes doux airs,
» Sous ces dômes touffus module tes concerts;
» Du vice discordant, de l'inepte folie,
» Sans craindre que la voix à la tienne s'allie.
» Ose avec nous chanter; sur un mode enchanteur
» Célèbre la nature et son divin auteur.
» Ici, souvent à l'heure où descendent les songes,
» Quand minuit est bercé par leurs riants mensonges,
» Ou bien lorsque midi, morne, silencieux,
» Inonde de sa flamme et la terre et les cieux,
» On entend soupirer des harpes angéliques,
» Accompagnant les sons de voix mélancoliques
» Qui du coteau lointain que couronnent des bois,
» Du féerique vallon s'élèvent à la fois,
» Ou de la verte Orée; éclatant privilége
» Donné par nous à ceux que notre amour protège.
» Au penseur qui médite, à ces Bardes divins,
» Emules dans leurs chants des brûlants séraphins. »

Et toi, Stanley, parmi cette troupe sacrée
Qui te reçut trop tôt pour nous, ombre adorée,
Te reverrai-je? Aux lieux que tu dois habiter,
Quoique les vains plaisirs qui viennent nous flatter
Les chagrins plus réels dont nous sommes la proie
Ne puissent pas t'atteindre, au milieu de ta joie
Un tendre souvenir peut en troubler le cours :
Ta mère te survit et te pleure toujours ;
Partout elle te cherche, au logis voit ta place,
De tes pas au dehors retrouve encor la trace ;

Se rappelle tes traits, ton sourire charmant,
Tes entretiens si doux, si pleins de sentiment,
Où sans l'aide de l'art dominait la sagesse,
Où brillait la vertu sans l'orgueil qui nous blesse.
Des mères la meilleure, essuie enfin tes pleurs,
Ou plutôt que la joie efface tes douleurs ;
Songe à remercier l'indulgente nature
Qui te prodigua tout dans cette créature.
Cette fleur de toi-même annonçait au printemps
Les fruits qu'avait en toi mûris l'été des ans.
Va, crois-moi, du trépas l'haleine dévorante
N'a jamais des vertus flétri la fleur naissante.
Cette tige étrangère, à des destins pareils,
Aux rayons fécondants de célestes soleils,
S'ouvre et s'épanouit, du temps victorieuse,
Et d'un nouvel éclat toujours plus radieuse.

Sur la hauteur, en proie à cette vision
Et toujours caressé par son illusion,
Sans savoir où je vais, je m'égare en silence,
Lorsqu'une cataracte à très-peu de distance
Au charme de rêver pour moi si plein d'appas,
M'arrache par son bruit ; je reviens sur mes pas
Et contemple à loisir l'effet de cette scène.

Jusqu'au bord escarpé, dans son cours se promène
Un immense amas d'eau. D'abord paisible et doux,
Il coule ; mais bientôt animé de courroux,
Impétueux torrent, s'élançant de la rive,
Il roule avec fracas. Sa fureur est plus vive ;
De sa voix tremble au loin le bruit retentissant.
D'abord, la nappe large étale un bleu naissant :
Mais sa face blanchit à l'instant de la chute.
Repoussé des rochers, le flot avec eux lutte :
D'un nuage d'écume il offre à l'œil les jets,

L'écume en remontant forme un brouillard epais
Qui , grisâtre , des airs tombe en pluie incessante ;
Mais l'onde, torturée ici , toujours errante,
Cherche en vain le repos; roulant parmi les rocs;
Tantôt de leurs fragments elle subit les chocs ;
Obliquement tantôt elle se précipite
Au milieu de la passe ; elle bondit plus vite ;
De pente par dégrés , en pente s'échappant ,
Sa course est moins brisée et son bruit moins frappant ;
Mais elle trouve enfin un lit plus favorable ,
Et s'épandant au gré de son caprice aimable ,
Elle va s'enfoncer dans le sein du vallon.

De ce mont escarpé , noirci tout de son long
De pics où perche l'aigle , abandonnant la cîme,
L'oiseau de Jupiter , par un élan sublime,
Dédaigneux des clartés qui brillent alentour,
Précipite son vol vers les sources du jour ;
Et montrant sa poitrine à l'astre qui l'enflamme ,
S'élance jusqu'à lui dans des torrents de flamme ;
Tandis que des oiseaux le peuple harmonieux
Frappé de cet éclat que midi doit aux cieux,
Languissant, épuisé, se cache sous l'ombrage,
Ou d'une branche à l'autre , à présent sans ramage ,
Vole et ne se répond qu'en cris interrompus.
Le ramier seul gémit en tons plus soutenus ,
De sa sauvage voix parfois cesse la plainte :
Court moment de repos ; de sa compagne atteinte
Par le plomb meurtrier du perfide chasseur,
L'image de nouveau vient déchirer son cœur ;
Et de nouveau fidèle à sa triste habitude ,
Ses longs roucoulements troublent la solitude.

Sur le penchant du mont de rosée humecté ,
Je goûte d'un air frais la pure volupté.

Ayant soin de choisir pour agréable siége
Sous ces berceaux fleuris dont l'ombre me protége
Un roc creusé par l'âge et de mousse paré,
Dégagé de tous soins, à moi-même livré,
Que j'aime à contempler la diligente abeille
Qui de Flore sans cesse épuise la corbeille,
Après avoir extrait un suc délicieux,
Emporter avec soin ce butin précieux !

Mais tandis que je goûte à l'ombre du feuillage
Un calme qu'avec moi la nature partage,
Et que Zéphir m'y berce à l'heure de midi,
Imagination, dans ton essor hardi,
Vole vers ces climats où la zône torride
S'arme de son soleil dévorant, homicide,
Auprès de qui le nôtre est pâle et sans ardeur !

Voyez-vous couronné d'incroyable splendeur
L'astre resplendissant monter sur notre tête
Et la frapper d'aplomb? Il étend sa conquête
Et chasse devant lui d'un pas victorieux
L'ombre qui peu d'instants lui disputa les cieux.
Tout prêt à commencer sa brûlante carrière,
Sur son trône, au travers de torrents de lumière,
Il s'élance. Pourtant, pour tempérer un peu
L'éblouissant éclat de son regard de feu,
Il commande : aussitôt la brise générale (1)
Se hâte d'entrouvrir la porte orientale
Et verse la fraîcheur sur un monde expirant.
De fantasques beautés quel spectacle apparent !
Quel luxe de nature opulente et sauvage !

---

(1) La brise générale qui souffle constamment entre les tropiques de l'est, ou des points voisins de nord-est et de sud-est, causé par la pression de l'air raréfié sur celui qui le précède, selon le mouvement diurne du soleil de l'est à l'ouest.
(*Note recueillie par le traducteur.*)

Sur ce fertile sol la verdure et l'ombrage
Se succèdent sans cesse en leur éclat pareils :
Tous les ans deux étés ramènent leurs soleils (1)
Dans le creux des rochers et des monts dont la cime
A l'équateur grandit et s'élève sublime,
Gissent abondamment les mines de métaux
Et les lits variés de brillants minéraux.
Des ruisseaux roulant l'or du haut des monts descendent,
Mille arbres sur leurs flancs s'étagent et s'étendent;
D'autres, de leurs sommets dépassant la hauteur,
Elèvent fièrement un front dominateur ;
Tandis qu'à l'horizon qui cache leurs distances
Mon œil plonge en des bois et des forêts immenses,
Des arbres près de moi, géants audacieux,
Fendent la nue et vont s'enfoncer dans les cieux.
Ces fils de la chaleur et du tribut limpide
Qu'apportent les torrents en leur course rapide,
Sous le dôme desquels nul Barde n'a chanté,
Défiant le grand jour, versent l'obscurité.
Des fruits délicieux ici croissent sans nombre,
Dans les sables brûlants, les vallons privés d'ombre :
Et quoique pénétrés de tous les feux du jour,
Servent contre ces feux de remède à leur tour.

Pomone, guide-moi vers tes charmants bocages,
Où tant d'arbres heureux confondent leurs ombrages !
Au limon, au cédras d'une acide saveur
L'orange parfumée oppose sa douceur.
Tous trois d'un vif éclat décorent la verdure.
Dans ces jardins sortis des mains de la nature,

(1) Dans tous les climats entre les tropiques, le soleil, comme il passe et repasse dans sa course annuelle, est deux fois par an vertical : ce qui produit cet effet. (*Note recueillie par le traducteur.*)

Laisse-moi reposer sous l'épais tamarin ,
Dont le fruit de la fièvre, antidote divin ,
Se penche , mollement caressé par la brise :
Mais pour fuir mieux Phébus dont le rayon me brise ,
Conduis-moi vers ce site où des arbres ombreux
Font régner la fraîcheur et la nuit autour d'eux :
Ou bien dans ce massif, inextricable enceinte ,
Dont les bras du figuier forment le labyrinthe ;
Rafraîchi par Zéphir , de ce tertre riant
Que j'aime à contempler le cèdre verdoyant ,
Elançant dans les airs son superbe feuillage ,
Et du noble palmier le gracieux ombrage !
Pomone , en ces vergers favoris du soleil ,
Laisse-moi m'endormir et goûter au réveil
Le lait que le coco dans sa coupe présente ,
Ou des fruits du dattier la crème succulente ,
Effaçant en douceur les présents de Bacchus ,
Moins traîtresse surtout. N'oublions pas non plus
Le frêle grenadier à taille déliée ,
Ramenant vers le sol sa tige humiliée ;
Et ne dédaignons pas plus d'un fruit précieux
Qui rampe sur la terre et se dérobe aux yeux.
Là , comme ailleurs le sort que toute gloire irrite
Elève l'importance , abaisse le mérite.
Je t'en prends à témoin, humble ananas, ô toi
L'honneur de ces climats, des végétaux le roi :
Trésor plus précieux que ceux que le poëte
Assigne à l'âge d'or, tu deviens ma conquête ;
Je crois en exprimant ton suc délicieux
Savourer l'ambroisie à la table des dieux.

Plus bas la scène change : une immense étendue
De plaines tout-à-coup se déploie à la vue ;
Des savanes, des prés à l'horizon fuyant.

L'œil s'égare indécis sur leur surface errant ,
Et se perd à travers une mer de verdure :
Une autre Flore ici prodigue à la nature
De si riches couleurs , des parfuns si divins ,
Qu'ils effacent l'orgueil de nos plus beaux jardins.
Elle embellit les champs sans vider sa corbeille
Et d'un nouveau printemps reproduit la merveille.
Car ces vallons souvent battus des noirs autans
Qui viennent disperser leurs trésors éclatants ,
Dès que l'onde y pénètre ou que Phébus les dore ,
Dans toute leur parure apparaissent encore.

Étalant dans ces lieux ses pompes à l'écart ,
La nature se rit des vains efforts de l'art.
On n'y voit que troupeaux qui, dans l'état sauvage ,
Sans maîtres , ont toujours igonré le servage.
Indépendants comme eux , à travers ces déserts
Qu'ils visitent avant d'aller grossir les mers,
Majestueusement d'immenses fleuves coulent
Déposant en chemin, dans les vagues qu'ils roulent ,
Un limon nourricier de puissants végétaux
Se cachant à demi dans le sein de roseaux ,
Là le vert crocodile étend sa masse énorme ,
Qui d'un cèdre couché de loin offre la forme.
Les flots s'éloignent-ils? Nouveau monstre à l'instant,
L'hippopotame avance ; en vain frappant son flanc,
Le dard vole en éclats ; tranquille dans la plaine ,
Sans souci du danger, il erre, se promène ,
Ou gagne les hauteurs ; et pendant son repas,
Formé des simples mets qu'il trouve sur ses pas ,
Les sauvages troupeaux qui cherchaient leur pâture ,
Rebelles cette fois aux lois de la nature ,
Se tiennent à distance , ont cessé de manger,
Et d'un air étonné contemplent l'étranger.

A l'ombre de forêts, vieilles comme le monde,
Qui s'étendent aux lieux qu'arrose de son onde
Le jaunâtre Niger, ou le Gange sacré
Dont le pouvoir dans l'Inde est toujours révéré ;
Ou sous ces bois épais à l'écorce noirâtre
Qui forment sur sa tête un vaste amphithéâtre ,
Paisible, inoffensif, sous un air effrayant,
Avec sécurité chemine l'éléphant.
Des bêtes la plus sage et digne qu'on l'admire,
Car doué de puissance il dédaigne de nuire.
Sur notre globe il voit tout se renouveler,
Plus d'un empire naître et d'autres s'écrouler ;
Méprisant cependant les vains projets qu'enfante:
Des mortels inquiets la pensée inconstante ;
Trop heureux s'il pouvait, leur dérobant ses pas,
Fuir leur cupidité qui cherche son trépas ;
Leur orgueil qui jaloux de le voir à sa suite
Pense par cette pompe agrandir son mérite ;
Vaine gloire de rois, qu'on voit pervertissant
Son naturel humain , le lancer menaçant
Dans des flots d'ennemis, instrument de carnage ,
Le laissant étonné de notre propre rage !

Vivantes fleurs , nichée au sein des arbrisseaux
Dont la voûte se courbe et couronne les eaux ,
Une foule d'oiseaux du plus vif éclat brille.
La nature partout a paré leur famille ,
Et prodigue en cela des plus rares faveurs ,
Épuisa sur ceux-ci ses plus belles couleurs ;
Mais des rayons du jour si leur riche plumage
En éclatants reflets nous présente l'image ,
Élevant leur orgueil , abaissant à la fois,
Elle leur refusa le charme de la voix.
Ne leur envions pas les nuances pompeuses

Qu'étalent au soleil leurs robes radieuses,
Sous le ciel des Incas. Philomèle est à nous,
Modestement vêtue et les efface tous.
Elle chante, et la nuit qui l'écoute en silence
Voit finir à regret sa plaintive cadence.

Mais viens, ô muse, suis ton vol audacieux.
Pour nous le désert s'ouvre, il ne présente aux yeux
Que le sable et le ciel ; il se perd dans l'espace
Que suit la caravane et toujours la dépasse ;
Incessamment s'étend et lasse le regard :
Laissant derrière lui les vallons de Sennar,
Il franchit la Nubie et ses montueux sites,
Et du fier Abyssin les jalouses limites.
Séduite par l'appât d'un métal corrupteur,
Muse, tu ne viens pas sous un masque imposteur
Ici dérober l'or en parlant de commerce,
Ni profaner les lieux où ta rage s'exerce
En farouche Euménide, et blasphémant le ciel
Exterminer la paix sous un glaive cruel.
Tu ne viens pas après tant de guerres civiles
Qui ravageaient les champs et dépeuplaient les villes,
Sur cette terre encor rouge de sang humain,
Avec la tyrannie enter le joug romain.
Muse, tu peux, semblable à l'abeille innocente
Cherchant de tous côtés sa récolte odorante,
Visiter chaque pré, peint de mille couleurs,
Errer sous les berceaux de ces jasmins en fleurs,
Au sein de ces palmiers aux ombrages antiques,
Et dans la profondeur des bois aromatiques
Qui décorent la plaine, encadrent les coteaux,
Et plus fiers ont enfin, dominant sans rivaux,
Conquis ces monts de qui la cîme dans les nues
S'élève à des hauteurs aux Alpes inconnues.

Placé sur ce sommet dont le vaste pourtour
Offre à l'œil étonné plusieurs milles de tour,
Je savoure la brise, ou sur un roc énorme
Qui du fond du vallon dresse sa tête informe
Afin d'aspirer l'air que l'on goûte en ces lieux,
Où s'élèvent palais, villas, temples fameux,
Où dans les jardins Flore étale sa parure,
Et Cérès sur les champs fait briller la culture,
Où près de moi je vois tant de sources jaillir,
Et dans l'éloignement tant de troupeaux bondir,
Sans crainte de l'insulte et n'insultant personne;
Oh! laissez-moi planer sur ce qui m'environne,
M'enivrer lentement des esprits éthérés
Que je puise à leur source, en mes transports sacrés
Laissez-moi recueillir les brises embaumées,
Qui viennent secouant leurs ailes parfumées,
Transfuges du vallon et des bois odorants;
Que j'entende de loin le fracas des torrents,
Et de la cataracte en sa course effrayante,
Balayant sous ses pas l'or que la terre enfante,
L'or vierge encor; de là, promenant sa fierté
Dans la plaine où tout n'est que vie et que beauté;
Pays que la nature a placé sous sa garde,
Et que toujours Phébus directement regarde
Comme trop amoureux pour pouvoir le quitter!

Quel tableau différent vient ici m'arrêter!
De l'astre en plein midi la face radieuse
Pâlit et diparaît sous une ombre envieuse;
L'horreur règne partout, un crépuscule luit,
Triste image du jour luttant contre la nuit.
A l'équateur brûlant des vapeurs continues,
Par l'air raréfié se trouvent retenues;
De nuages affreux l'un sur l'autre entassés,

8

Le vent en tourbillons roule les flots pressés.
D'autres gros des trésors que les mers leur dispensent,
Avec plus de lenteur sur l'horizon s'avancent;
C'est dans ces régions où les plus hautes mers
Baignant les pieds de monts qui dominent les airs,
Ont des vents furieux à soutenir la guerre
Que d'un trône de feu menace le tonnerre.
L'éclair ouvre la nue et la foudre le suit;
Au choc des éléments qui confondent leur bruit,
Les nuages enfin cèdent; leurs flancs humides,
Déversent à la fois des montagnes liquides.

Nous voici dans les lieux où le Nil, fleuve roi,
Observant chaque année une constante loi,
Avec pompe déborde. A l'ignorance humaine
Se déroba longtemps ce brillant phénomène.
De *Gojam* que du jour dévore le flambeau,
Par deux sources, il sort; d'abord faible ruisseau,
Dambea dans le lac dont elle se décore
Reçoit avec plaisir le fleuve enfant encore.
Des Naïades bientôt il devient favori,
Par leurs soins maternels incessamment nourri;
Dès qu'il croit n'avoir plus besoin de leurs caresses,
Jeune et superbe il va prodiguer ses tendresses
A ces îles qu'on voit, douces filles du ciel
Sourire, se parant d'un printemps éternel.
Ambitieux dès-lors, il brise ses barrières,
Et grossi dans son cours de nombreuses rivières,
Alimenté des dons que lui versent les cieux,
Il s'avance, étendant ses bras majestueux.
Tantôt il roule au sein de splendides royaumes,
Solitaire tantôt, loin des sentiers des hommes
Il égare ses flots sur des sables déserts;
Mais enfin fatigué de ces circuits divers,

Des sommets escarpés de l'aride Nubie
Il s'élance, il épanche une urne réjouie ;
Et sur son sol l'Égypte en ses transports nouveaux,
Du fleuve avec orgueil voit descendre les eaux.

Son frère, le Niger, et toutes les rivières,
Où les filles d'Afrique aux figures grossières
Lavent leur corps du jais imitant la couleur,
Et de même leurs sœurs s'étendant en longueur..
Depuis l'amas boisé de ces hautes montagnes
Qui de l'Inde superbe encadrent les campagnes,
Jusqu'au Coromandel, au riche Malabar,
Depuis l'heureux *Menam* (1), près de qui le regard
Admire quand le jour s'est éteint sur ses rives
Mille insectes brillants des clartés les plus vives,
Jusqu'aux bords où l'Indus que couronnent les fleurs
Avec amour reçoit de l'Aurore les pleurs ;
Tous dans le même temps sur la terre encore nue
Versent une moisson sans travail obtenue.

Mais ton monde, ô Colomb, serait-il donc privé
Des humides trésors dont l'autre est abreuvé ?
L'Orénoque aux grands bras, en inondant chaque île
Force les naturels à chercher un asile
Sur des arbres offrant miraculeusement
Logement, nourriture, armes et vêtement.
Grossi des affluents d'un millier de rivières,
Et des Andes lançant ses ondes prisonnières,
L'Orellane (2) fougueux descend avec fracas.
La muse plane au loin sur son liquide amas ;

---

(1) Rivière qui traverse *Siam*, sur les bords de laquelle une grande quantité de ces insectes appelés *mouches de feu*, offre la nuit le plus beau spectacle.
(2) Le fleuve des Amazones. (*Notes du traducteur.*)

Mais peut-elle embrasser la grandeur de ce fleuve,
Et hasardera-t-elle une semblable épreuve
Sur l'immense *Plata* qui presqu'avec la mer
Dans ses proportions paraît aller de pair?
Sa surface fatigue et désole la vue
Qui voudrait vainement en fixer l'étendue.
Devant sa profondeur, la masse de ses eaux,
Nos fleuves ne sont plus que de faibles ruisseaux.
Sans jamais s'alentir, ils coulent en silence
Et guident de leurs flots l'orgueilleuse abondance,
Traversent dans leur cours des états inconnus,
Des lieux où les humains ne sont pas parvenus;
Lieux que Flore embellit ou qu'enrichit Pomone,
Éclatants de beautés qui ne touchent personne,
Un monde de déserts; l'astre du jour y luit,
Les saisons comme ailleurs opèrent leur circuit;
Tout cela sans témoins : les voici dans des plaines
Dont leurs alluvions font de riches domaines;
Où la fertilité règne depuis longtemps,
Et qu'elle aime à peupler. Des milliers d'habitants
Leur doivent le bonheur. Plus d'une île charmante
Image en ses enfants d'une vie innocente
Par eux est protégée. Aux barbares chrétiens,
Aux cruels fils d'Europe, avide de ses biens,
Par ce hardi rempart ils épargnent des crimes.
Ils rencontrent enfin les liquides abîmes.
Prêts à s'ensevelir dans leur sein furieux,
Le courant redoutant leur choc impétueux,
Recule et cède au poids de la moitié d'un monde,
Et l'Océan en tremble en sa grotte profonde.

Mais à quoi sert d'ailleurs l'appareil fastueux
Des trésors que je vois partout frapper les yeux ?
Cet éclat merveilleux que dans sa pompe étale

De la nature ici la robe virginale ;

Des plantes qui souvent endorment les douleurs,

Tant de prés embaumés de suaves odeurs ;

Cérès à qui l'on doit des moissons sans culture ;

Pomone qui toujours rehausse sa parure,

De fruits par les oiseaux et les vents apportés,

Couronnant à l'envi des arbres non plantés ;

Des bois trésors de gomme et de riches épices,

Mille fruits que le goût savoure avec délices,

Où la soif à recours ; par d'étonnants travaux

Des insectes filant du suc, des végétaux,

Leurs vêtements soyeux, parures somptueuses ;

A quoi servent, hélas ! ces pierres précieuses

Dont la terre en son sein recèle le trésor?

Les mines de Golgonde et du Potose l'or,

Potose que jadis choisirent pour demeure

Les enfants du soleil. Qu'importe qu'à cette heure

Des fleuves roulant l'or dans leurs riches courants,

Son éclatant ivoire et ses bois odorants

Attirent nos regards arrêtés sur l'Afrique?

Les arts que dans la paix le genre humain pratique,

L'enseignement toujours si puissant sur les mœurs,

Les muses avec soin pénétrant dans nos cœurs,

La modération, fille de la sagesse,

L'esprit qui réfléchit, la raison qui progresse,

Le génie élevant et rendant immortel

Les utiles clartés qui conduisent au ciel,

L'égalité pour tous, des lois qui nous régissent,

La liberté. sans qui tous les dons se flétrissent,

La liberté surtout dont le pouvoir divin

Maintient la dignité, les droits du genre humain ;

Ces bienfaits sont perdus pour eux. Le soleil même,

Leur père, les frappant dans sa rigueur extrême,

Semble vouloir punir un monde esclave né,

De ses brûlants rayons à souffrir condamné.
Le teint de la beauté, ce teint qu'on idolâtre,
Se flétrit dans sa fleur et prend un ton noirâtre.
Ses traits deviennent durs, de cet astre enflammé
Les ardeurs circulant dans le sang allumé,
Hélas! trop fréquemment poussent l'homme au carnage,
Fruit de la jalousie ou d'une aveugle rage ;
Il a soif de vengeance, en ce cruel séjour,
Jamais on n'a connu ce que c'est que l'amour ;
Ses doux regards qui font le charme de la vie,
Les pleurs partis du cœur qu'on aime et qu'on envie,
L'indicible plaisir de dire, transporté,
Je suis homme et je sens en moi l'humanité ;
Ces sentiments heureux inconnus à leurs plages,
Fuyant un sol ingrat, cherchent d'autres rivages
Remplacés à la fois par des désirs affreux,
La volupté des sens, l'égoïsme hideux.
Tout se ressemble ici, de cet instinct horrible
La création brute est l'image sensible.

Le sinistre serpent de son repaire obscur
De qui tout mortel fuit le voisinage impur,
Et qu'on n'oserait même aborder en idée,
Quand des feux du midi la plaine est inondée,
S'échappe, il se replie en immenses anneaux,
Les déroule bientôt, et va chercher les eaux.
Là couché de son long, d'une gueule béante
Le monstre fait vibrer la langue menaçante,
Il lève la machoire, et sa crête de sang
Sur sa tête se dresse ; en ce fatal instant
Tout être que la soif près de la source attire
De frayeur éperdu recule et se retire,
Ou restant à distance et retenant ses pas
Contemple le reptile et n'en approche pas.

Ministre du trépas, de taille plus petite,
Un autre guette l'homme, en l'ardeur qui l'irrite
Lui lance un trait rapide, un venin plus subtil
Qui, s'il atteint, des jours rompt à l'instant le fil.
Ici formée exprès des mains de la nature
Pour humilier l'homme et braver son injure,
Une race effrayante, aussitôt que la nuit
Obscurcissant les cieux succède au jour qui fuit,
A cette heure du crime, appelle le carnage ;
Le tigre impitoyable en sa sanglante rage,
Qui d'un seul bond atteint, frappe l'infortuné
Que son affreux regard a déjà condamné :
Le léopard paré d'une robe brillante,
Orgueil de ce pays qu'il remplit d'épouvante.
L'hyène plus rusée, ardente à tout oser,
Et que l'homme jamais ne peut apprivoiser.
Transfuge des forêts de la Mauritanie
Ou d'îles au milieu de la triste Libie,
Étalant leur verdure et leur gazon brillant,
Reconnaissable au feu de son regard brûlant,
De tous ces animaux une foule innombrable
En hâte se répand dans ces pleines de sable.
Indomptables, pourtant ils respectent leur loi,
Et viennent se ranger à l'entour de leur roi,
Qui, terrible, ombragé d'une noble crinière,
Imprime à côté d'eux ses pas dans la poussière.
De concert demandant leur proie à tous moments,
Ils roulent leur voix haute en longs rugissements ;
A ces cris les troupeaux pressent leur pas rapide
Et s'assemblent autour du berger qui les guide.
Le plus noble bétail qui, près de son taureau,
Sans souci ruminait, à ce danger nouveau
Tressaille de frayeur ; le village s'éveille,
La mère alors étreint son enfant qui sommeille.

Le malheureux qui fuit le pirate africain
Ou bien du fier Maroc le tyran inhumain,
A ce tableau regrette à demi son servage,
Tandis que le désert, théâtre de carnage,
Pousse des cris de rage et de férocité
Des sommets de l'Atlas au Nil épouvanté.

Oh! malheureux celui qui seul avec lui-même
Exilé dans ces lieux, loin des êtres qu'il aime,
De la société, premier de tous les biens,
Voit avec l'univers se rompre ses liens!
Chaque jour brille et meurt. Au haut d'une éminence,
Rêveur, morne, il s'assied et contemple en silence
Cette mer où toujours règne le mouvement.
Parfois dans une erreur qui charme son tourment
Il croit voir sur les flots que le ciel touche et voile,
A l'horizon lointain apparaître une voile;
Fantôme qu'un nuage heureusement lui peint!
Du soleil pâlissant le disque est-il éteint?
Il tourne vers cet astre un œil rempli de larmes,
Son cœur brisé se ferme, il se rouvre aux alarmes
Lorsque pendant la nuit à des rugissements
Les hôtes des forêts mêlent leurs sifflements.
C'est cependant ici, dans le séjour horrible
De ces monstres hideux qui d'un œil impassible
Voyaient Rome expirer sous les coups de César,
Qu'alors la liberté retirée à l'écart,
Suivit le fier Caton dans les déserts numides.
Fuyant la Campanie et ses plaines perfides,
Elle aima mieux quitter ce pays enchanteur
Que flatter à genoux un illustre voleur.

De toutes les terreurs dont hélas! la nature
Arma ces régions, ai-je fait la peinture?

Souvent d'affreux démons, ministres de courroux,
Déchaînent forcément les éléments jaloux.
A la fois échauffé par le ciel qui l'enflamme
Et les sables brûlants qui lui versent leur flamme,
Un vent igné poursuit, atteint le pèlerin
Et le suffoque; habile à tout souffrir enfin
Et né dans le désert, en sa forte poitrine
Le chameau sent brûler une ardeur qui le mine ;
Ou de l'éther obscur qu'il ouvre à longs sillons
Un vent impétueux fond en noirs tourbillons.
Les sables soulevés volent dans l'atmosphère ,
Redescendent ensuite en leur course légère :
Ils gagnent par degrés, ils obscurcissent tout ,
Et paraissant s'unir pour ne former qu'un tout
Avec le tourbillon de qui le cours s'achève ,
Le désert tout entier aux cieux monte et s'élève.
Près de la rare source au cristal bienfaisant
A l'heure de midi, lasse et se reposant,
Ou surprise la nuit d'un sommeil qui l'enivre
Et qu'un sommeil plus long incessamment va suivre,
Sous l'amas retombant, ô prodige nouveau !
Toute la caravane a trouvé son tombeau.
Le marchand qui du Caire assiége les issues ,
A parcouru sans fruit ses populeuses rues ,
Et la Mecque gémit d'un aussi long retard.

En mer surtout le vent domine sans égard ,
Chaque vague docile obéit à son souffle,
Sur l'auguste Océan autour duquel il souffle,
L'Océan, roi des mers , étendant son bassin
Sous la ligne de feu dont l'univers est ceint,
Typhon, Ecnephia (1) tournent d'un point à l'autre.

---

(1) Typhon et Ecnephia, noms particuliers de tempêtes ou d'ouragans seulement connus entre les tropiques. (*Note recueillie par le traducteur*)

Des vengeances du ciel chacun des deux l'apôtre,
Semble les épuiser. Au milieu d'un ciel pur,
Mais trompeur, resserrée en un point noir, obscur (1)
La terrible tempête attend, couve en silence,
Trompe tous les regards mais non pas la prudence
Du marinier expert. Assise dans les airs
Ou sur une hauteur qui domine les mers,
Elle dispose tout ; le démon, son complice,
Toujours en cet instant députe par malice
Une brise flatteuse, une calme décevant
Bien fait pour engager à se fier au vent.
On tend la voile, on part ; bientôt avec furie
Un composé de vent, de flammes et de pluie
Précipite sa masse. En ce fatal moment
Le matelot souvent frappé d'étonnement,
Reste muet, glacé ; l'art devient inutile ;
Pour sauver le vaisseau tout effort est stérile.
Ce navire pompeux qui régnait sur les flots,
S'enfonce et disparait sous l'abîme des eaux.
Ah! sur ces mers Gama (2) soutint plus d'une lutte,
A combien de dangers ne fut-il pas en butte
Quand il tournait autour de ce cap orageux
Qui d'un grand souvenir retint un nom fameux.
Quoique l'ambition le dirigeât sans doute,
L'ardente soif de l'or lui dictait cette route.
Un monde alors sortit de son obscurité.
Le monde commerçant, à sa voix suscité,
De l'art de naviguer enfin l'heureux génie,
Qui des ans a vu fuir une longue série,
Qui toujours espérait, mais espérait en vain,

---

(1) Appelé par les matelots l'œil-de-bœuf, ne paraissant pas d'abord plus grand.
(2) Vasco de Gama, le premier qui passa en Afrique par le cap de Bonne-Espérance pour aller aux Indes-Orientales. (*Notes du traducteur.*)

Aux mers de l'Atlantique a tressailli soudain.
De la Lusitanie il exauce le prince (1),
Qui par le ciel conduit du fond d'une province,
Vers un utile but sait guider les mortels
Que le commerce unit par des nœuds fraternels.

Pour augmenter encor l'horreur de ces orages,
C'est là que le requin exerce ses ravages ;
L'affreux requin armé d'un triple rang de dents :
Attiré par l'odeur que lui portent les vents,
De mortels entassés en un étroit espace,
D'êtres que la mort frappe ou bien qu'elle menace,
Voyez-le dans l'instant s'élancer, couper l'eau,
Aussi prompt que le vent qui pousse le vaisseau.
A ceux qui désolant les côtes de Guinée,
Viennent en dérober la race infortunée
Pour un lâche trafic, avec un front hautain,
Il demande à son tour une part du butin :
Du butin ! Qu'ai-je dit ? il les demande eux-mêmes.
Au navire qui sombre en ces moments suprêmes
Arrive le vengeur ; il frappe tout de mort :
Esclaves et tyrans subissent même sort.
Il fait craquer leurs os sous ses dents triomphantes ;
Le monstre a teint de sang les ondes écumantes,
Et savoure à plaisir son horrible repas.

Au temps où l'équinoxe ici porte ses pas,
Lorsqu'une immense pluie a pénétré la terre,
Triste, le soleil boit cette onde insalutaire

---

(1) Don Henry, troisième fils de Jean I.er, roi de Portugal. C'est surtout au génie actif qu'il déploya pour la découverte de nouvelles contrées, que l'on doit les perfectionnements introduits depuis dans l'art de la navigation.

(*Note du traducteur.*)

Échappée aux marais, séjour infect, impur,
Dont sa malignité trouve l'asile sûr ;
Et de terrains fangeux, demeure qu'elle envie,
Où la corruption fermente avec la vie,
Et souffle des milliers de nuisibles vapeurs ;
Ou s'échappant des bois, réceptacles trompeurs
Que l'air n'habite pas, où l'ombre est dangereuse,
Et dont nul n'a percé l'enceinte ténébreuse,
Paraît la maladie, au front pâle, hideux ;
Son principe partout s'étend contagieux.
Un essaim de terreurs l'accompagne en sa course,
La nature chez l'homme est flétrie à la source.
Abattu, sans courage, il aspire au cercueil,
Et perd le noble espoir qui faisait son orgueil.
Tel le courage anglais pâlit à Carthagène.
Brave Vernon, témoin de cette affreuse scène,
Vous vîtes le guerrier, semblable au faible enfant,
Lever un bras débile aussitôt retombant :
Vous vîtes en pitié, sous l'horrible torture,
S'altérer tous les traits de sa pâle figure,
Ses lèvres frissonner, et de ses yeux mourants
S'éteindre les regards naguère si brillants.
Vous avez entendu de plus d'un équipage
Les cris se prolonger de rivage en rivage :
Vous avez entendu plein d'un regret amer
La chute de ces corps qu'on lançait à la mer :
Les autres cependant en proie à la souffrance,
Effrayés et plongés dans un profond silence,
Semblaient par leurs regards chercher l'infortuné
Qui serait le premier à mourir condamné.

Nous faudra-t-il aussi gémir sur l'inclémence
Des lieux où Némésis, dans sa noire vengeance,
Se plaît à déchaîner son plus cruel enfant,

La peste? De tes bois dont l'air empoisonnant (1),
Brûlante Ethiopie, infecte l'atmosphère ;
Des miasmes puants qui s'exhalent du Caire,
Des Locustes de même en innombrables monts
Sur des champs leur tombeau déposant leurs poisons
Qui viennent y germer, selon toute apparence,
L'affreuse destructrice emprunta sa puissance :
Mais tandis qu'il sévit, ô prodige nouveau !
Les animaux n'ont rien à craindre du fléau.
Seul l'homme semble fait pour devenir sa proie.
L'homme, être criminel. Sur ses toits il envoie
Des nuages chargés de colère et de mort.
Par son ordre immobile alors tout vent s'endort.
Les humains suffoqués, que la chaleur épuise,
Appellent vainement la bienfaisante brise.
Chaque nue elle-même attriste le regard
Et devant le soleil prend un aspect blafard.
En ce moment affreux la royale sagesse
Dont l'œil veille partout, le baisse avec tristesse ;
Et la justice sent à des signes certains
Le glaive et la balance échapper à ses mains.
Toute joie a cessé, dans un morne silence,
Le monde désormais n'attend que sa sentence.
Chaque rue est déserte et l'herbe croît partout ;
La ville maintenant, d'un bout à l'autre bout,
Est changée en immense et triste solitude.
Fréquemment échappé dans son inquiétude
Du logis dont la loi lui fait une prison,
Frappé par le fléau, dépourvu de raison,
Implorant à grands cris la céleste justice,

---

(1) Ce sont là les causes que le docteur Mead indique être la première origine de la peste, dans un savant ouvrage qu'il a écrit sur ce sujet. (*Note du traducteur.*)

L'homme accuse et maudit une indigne police
Qui se montre imprudente et barbare à la fois.
Ininfectée encor, sourde au bruit, à la voix,
·Chaque porte résiste et demeure fermée. .
Avec horreur on fuit la vie accoutumée,
Proches parents, amis, tout, jusqu'au tendre amour,
Rompant les plus doux nœuds serrés jusqu'à ce jour,
Devient par le malheur, égoïste, sauvage :
Mais en vain, le fléau sur tous étend sa rage.
Les cieux, la terre et l'air sont imprégnés de mort ;
Et frappés tour à tour, ils déplorent leur sort,
Et tombent délaissés, sans qu'à leur dernière heure
Personne les console, ou les veille, ou les pleure.
Sur la cité de deuil, le triste désespoir
Qui plane en liberté, partout se laisse voir. ·
Pour dernier trait enfin du drame épouvantable,
Fermant toute retraite, une garde effroyable,
Inflige au malheureux qui déjà s'éloignait,
. Un trépas moins cruel que celui qu'il craignait.

Beaucoup reste à décrire. Ah ! oui, beaucoup encore,
Des cieux d'airain, des champs où rien ne veut éclore,
Où la faim et la soif, pour prix de son labeur,
Deviennent trop souvent le lot du laboureur.
Au flambeau du Midi la montagne allumée,
En colonne élançant la flamme et la fumée,
Du monde souterrain tout-à-coup suscité,
· Le tremblement affreux encor plus redouté,
· Qui renverse, détruit des cités tout entières,
Secoue en sa fureur les montagnes altières
Pour les plonger ensuite en un gouffre de feu.·
Mais, muse, c'est assez, tu t'égaras un peu ·
Reviens à ton pays, un moment infidèle,
Une scène d'horreur en hâte t'y rappelle.

Voyez-vous, lentement sur le bois obscurci,
L'ombre épaisse s'asseoir ? Observez-vous d'ici
Comme des cieux couverts en ce moment s'empare
Ce nuage grossi des vapeurs que prépare.
L'amas de minéraux sommeillants dans leurs lits
Et que l'air va pomper par de secrets conduits ?
De là le nitre sort, là le souffre s'allume,
Et du bitume gras jaillit l'ardente écume.
De ces exhalaisons qui quittent leur séjour,
Les reflets, en montant, souillent l'éclat du jour,
Et fermentent, courant dans le sombre nuage
A la teinte rougeâtre et de triste présage,
Jusqu'à ce que touchés par le rapide éther,
Ou par le brusque choc de nuages dans l'air,
Ou le courroux des vents qui se livrent la guerre,
Éclatent tout-à-coup transformés en tonnerre,
Ces produits jusque-là muets. Au-dessous d'eux
Le calme règne encore, imposant et douteux ;
Rien ne se meut au sein de l'immense étendue :
Par un murmure sourd l'oreille est prévenue
Que l'orage s'avance. Échappé des coteaux,
Ce bruit rase la terre et va troubler les eaux :
La feuille alors frémit sans qu'un souffle l'agite :
Les habitants de l'air le quittent au plus vite :
Avertis du péril qui vient les menacer,
Dans le creux des vallons on les voit s'enfoncer.
Le corbeau qui se joue à travers la tempête,
Devant l'obscurité dont l'image l'arrête
N'ose prendre l'essor. Dans son étonnement,
Le bétail consterné reste sans mouvement
Et lance vers le ciel un regard lamentable ;
Et jusqu'à leur gardien, dans l'instant redoutable
Délaisse son troupeau ; de ses pas diligens
Il gagne sa maison, déjà pleine de gens,

Ou cherche un souterrain de qui la voûte obscure
Puisse lui ménager une retraite sûre.

Tout est crainte attentive, étonnement muet :
Quand tout-à-coup aux cieux une clarté paraît
Au loin, vers le Midi, s'échappant du nuage ;
A sa suite, bientôt, sur l'aile de l'orage,
La foudre fait gronder sa redoutable voix ;
Aux bords de l'horizon, cette première fois,
La tempête rugit, solennelle et lointaine :
Mais l'amas de vapeurs qu'elle soutient à peine,
Tandis qu'elle est en marche et s'approche, montant,
Allume les éclairs qui toujours augmentant
Sur la ligne des cieux prennent un large espace ;
D'un tonnerre plus fort on entend la menace.
Compagnons des éclairs qui sillonnent les cieux,
Les coups plus rapprochés deviennent furieux,
Et bientôt une flamme immense, éblouissante,
S'ouvre sur notre tête, expire, et renaissante,
Dans l'ombre qui lui sert sans cesse de tombeau,
Rentre et renaît encor de ce premier berceau ;
Des vastes cieux enfin embrasse l'étendue,
Enveloppe l'espace et le cache à la vue.
D'un tonnerre effrayant les éclats répétés
Redoublent, se croisant, partout répercutés :
Dans les convulsions que ce fracas enfante
Et la terre et les cieux tressaillent d'épouvante.

La grêle fond alors en grains impétueux
Où s'épanche la pluie à flots torrentueux :
Des nuages, prison qui les tenait captives,
Les ondes s'enfuyant vont inonder les rives.
Cependant des éclairs la flamme brille encor ;
Et toujours dans la nue où lutte son effort,

La foudre irrésistible en feu roulant s'échappe,
Vole embraser les monts qu'en courroux elle frappe.
Par le coup fulminant le pin altier touché,
N'offre plus qu'un tronc noir, aride, desséché.
Le bétail qui paissait sous son ombre chérie,
Du trait mortel atteint, tombe privé de vie.
La vache encore ici conserve maintenant
Son doux regard, et morte, on la croit ruminant :
Là le taureau hautain, le bœuf dans la posture,
Qu'il a, demi-couché, conservent leur figure.
Le vieux clocher, la tour au front dominateur,
Couronnant le château qui flanque la hauteur,
Abaissent cet orgueil qu'ils devaient à leur âge.
Les bois qui sommeillaient sous leur sombre feuillage
Tressaillent, réveillés par de vives clartés ;
La flamme qui pénètre aux abris écartés,
En fait fuir à l'instant les tremblants locataires.
Des monts de *Carnarvon* les roches séculaires.
Répercutent la foudre en longs rugissements.
A la mer qui s'éclaire et s'ouvre à tous moments,
Des monts de *Penmanmaur* dont la face hideuse
S'élève jusqu'au ciel, la cîme sourcilleuse
Imprime une secousse : Aux carreaux orageux,
Du sommet de *Snowden* cède l'amas neigeux ;
Les hauteurs de *Cheviot*, aux bruyères stériles,
Brûlent, *Thulé* mugit dans ses dernières îles.

A ce spectacle affreux le crime est attéré,
A de sombres pensers combien il est livré ;
Il tremble, et cependant la foudre redoutable
Ne frappe pas toujours une tête coupable.
Céladon, Amélie, ornement du hameau,
Y faisaient admirer le couple le plus beau.
Mêmes vertus en eux, même attrait, même grâce,

9

De différence l'œil n'en apercevait trace
Que dans le sexe : on eût au matin gracieux
Comparé l'une, et l'autre au midi radieux.

Ils s'aimaient : Et l'amour de sa douce présence
Embellissait encor leur naïve innocence ;
Et venait y puiser toute sa vérité.
C'était de l'amitié, sentiment exalté,
Par les vœux qu'en leur âme ils formaient l'un pour l'autre,
Tendres vœux d'un bonheur où nous plaçons le nôtre,
Par ce rayon du cœur qu'on appelle regard,
Et qui s'y communique aussitôt qu'il en part.
En cet état si doux, dans son ardeur extrême,
Chacun à l'autre était bien plus cher qu'à lui-même,
Et bornait ses désirs à pouvoir rendre heureux.
Seuls sous l'ombrage, errant, deux êtres amoureux,
Librement échangeaient leurs flammes ingénues
Et soupiraient, goûtant des douceurs inconnues

Ainsi coulait leur vie, égal et pur courant
Que n'altéra jamais le souci dévorant :
Mais un jour, jour fatal ! leurs tendres rêveries
Les avaient entraînés par des routes fleuries,
Bien loin de leur demeure en un épais fourré,
Qui n'offrait point d'issue à leur œil égaré.
Heureux de leur amour, le lieu le plus sauvage
Pour eux était l'Éden ; tout-à-coup, ô présage
Du sort qui les menace ! Amélie a tremblé :
De mouvements confus tout son être est troublé.
Elle jette autour d'elle un regard plein d'alarmes ;
Sur ses traits en désordre ont coulé quelques larmes.
Son amant la rassure en vain. Même du ciel
Elle n'espère rien en son effroi mortel.
Témoin de ces tourments auxquels elle est en butte,

Et tout près d'expirer dans une affeuse lutte ;
Céladon, du regard dont l'ange dans les cieux
Voit les derniers moments de l'homme vertueux,
La contemplant, lui dit : « Oh ! va, cesse de craindre,
» Douce fille ; quel mal pourrait jamais t'atteindre ?
» Ah ! sans doute au remords ton cœur est étranger :
» Un Dieu juste, de toi, voudrait-il se venger ?
» Cet être tout-puissant, qui d'une nuit obscure
» Voile dans ce moment l'aspect de la nature
» Et sur les criminels lance un foudre irrité,
» Te ménage toujours des regards de bonté :
» Du Midi le rayon pour toi n'est pas terrible,
» Et l'heure de minuit te retrouve paisible.
» Cette voix qui du ciel déclare la fureur
» Et de tout cœur coupable éveille la terreur,
» En s'adressant à toi n'a plus rien que de tendre.
» Moi-même maintenant je me plais à l'entendre.
» Laisse-moi m'entourer de ta protection,
» Me rapprocher de toi, de la perfection. »
De ses bras à ces mots fortement il l'enlace.
O surprise, ô prodige ! à celui qui l'embrasse
La beauté n'offre plus qu'un corps inanimé,
Livide, et de la foudre à demi consumé.
De l'amant quel tableau pourra rendre l'image ?
L'œil fixe, de la langue il a perdu l'usage.
Contemplant à ses pieds l'idole de son cœur,
Il demeure absorbé dans l'excès du malheur.
Telle, trompant les yeux par sa douce imposture,
Auprès d'un mausolée, une vaine figure,
Debout, mais pour toujours sans voix, sans mouvement,
Emblême de douleur, se penche tristement.

De la face des cieux aussitôt que l'orage
Entraîne sur ses pas, chasse chaque nuage,

Le firmament sans borne apparaît vaste et pur
Et l'horizon se peint d'un éclatant azur.
Parmi l'air plus léger, de qualité subtile,
Une splendeur plus vive, un calme plus tranquille
Dominent tout-à-coup, en tous lieux répandus :
Et comme au souvenir d'un danger qui n'est plus,
D'une robe brillante, emblême de la joie
Qui, sur les prés, les champs, s'étend et se déploie,
Et que vient rehausser le jour aux rayons d'or,
La nature en triomphe étale le trésor :
Dans ses plus doux attraits elle semble revivre.

   Beauté, contentement, tout maintenant enivre.
On n'entend que les chants qui, d'êtres satisfaits,
Montent au Créateur pour prix de ses bienfaits.
Du gros bétail paissant à travers la vallée,
La mugissante voix à cet hymne est mêlée,
Et des troupeaux laineux le faible bêlement.
Et l'homme oublira-t-il en semblable moment
De témoigner au ciel sa douce gratitude ?
Lui qu'à favoriser il a mis son étude ;
Fait pour donner le ton à ce monde animal,
Sa voix manquerait-elle au concert général.
Eh ! quoi, sitôt ingrat envers la main puissante
Qui fait taire à son gré la foudre menaçante
Et du jour éclipsé rallume les splendeurs ;
Perd-il le sentiment de ces vives terreurs
Qui du souverain maître en lui gravaient l'empreinte,
Aussi vîte qu'a fui la cause de sa crainte ?

   Au canal qu'il choisit pour lieu de rendez-vous,
Le jeune homme invité par un soleil plus doux,
Précipite ses pas. L'eau claire et cristalline
Mouille un lit sablonneux. Le nageur examine,

Se mire ; il voit au fond le tableau renversé
Du site par cette onde à ses yeux retracé.
Il voudrait s'élancer ; mais quelque temps timide ,
La profondeur des eaux l'arrête et l'intimide.
Enfin il se décide , et tout-à-coup plongeant ,
Entouré par la vague il va l'interrogeant.
Les roses de son teint , l'ébène de ses tresses ,
Surnagent et du flot reçoivent les caresses ;
Et lui-même , à son tour , le flot obéissant ,
Que ses jambes , ses bras , de concert agissant ,
Coupent quand il respire et qu'il reprend haleine ,
A son caprice s'ouvre et le porte sans peine :
Tandis qu'aux yeux charmés , de ses flancs humectés .
La lumière s'épanche en liquides clartés.
C'est là pour la santé le meilleur exercice ;
Des étés dévorants il trompe le supplice :
Et quand l'hiver glacé vient engourdir les eaux ,
Je ne voudrais pas même , au prix de mon repos ,
Lâchement demeurer grelotant sur la rive.
C'est ainsi que la vie augmente , est plus active ,
C'est ainsi que souvent on peut la préserver.
Le courageux nageur parvient à se sauver,
Il oppose son art au danger qui l'y force ;
Les membres dans ces jeux acquièrent plus de force ,
Et le bras des Romains qui conquit l'univers
S'instruisit de bonne heure à braver les revers ;
Ils prenaient des leçons en grands travaux fécondes
Et dès l'enfance aimaient à combattre les ondes.
De l'âme on voit d'ailleurs , par de secrets rapports ,
La pureté toujours suivre celle du corps.

Sous d'épais noisetiers dont le discret ombrage
S'arrondit sur la tête et dessine un bocage,
Au point où le vallon en détours gracieux ,

Solitaire, s'étend pour le plaisir des yeux,
Damon était assis : là, rêveur, en silence,
D'un amour qui lui plaît il goûte la souffrance.
Au ruisseau qui murmure en son dépit jaloux,
De sa chûte de rocs qui causent son courroux,
A la brise courbant le feuillage des saules,
Il adressait ses vœux et ses plaintes frivoles,
De son amante à tort accusait la rigueur ;
Musidore en secret répond à son ardeur,
Bien qu'à ses vœux encore elle semble contraire.
La timide pudeur, l'orgueil un peu sévère
Que commande son sexe enchaînent les aveux.
Pourtant malgré ce voile on voit percer ses feux
Dans ses regards baissés et fixés vers la terre,
Dans ses soupirs du cœur trahissant le mystère,
Et qui gonflent son sein avec peine étouffés.
De Damon les crayons par le site échauffés
Tracent un lay d'amour dans son incertitude :
Du cœur de Musidore il entreprend l'étude,
Et si l'amour commence à s'y faire sentir,
Il veut tout employer pour qu'il puisse en sortir :
Un hasard qui parfois fait le sort des monarques,
De l'amour qu'il cherchait vient lui donner des marques.
Amant trois fois heureux ! par les amours flatteurs
Musidore est conduite en ces lieux enchanteurs.
De la saison les feux ont enflammé sa joue,
Sa robe flotte au gré du vent qui la dénoue.
De chaleur épuisée, aux flots rafraîchissants
Qui retrempent la vie et raniment les sens,
Elle vient demander un secours salutaire.
Elle paraît, Damon la voit : que va-t-il faire ?
A cette douce vue, embarrassé, confus,
Pendant quelques instants il ne se connaît plus.
Le sentiment exquis d'une crainte ingénue,

Une délicatesse à peu de cœurs connue,
Combattent dans son cœur : il voudrait s'écarter
Et l'amour cependant le décide à rester.
Mais vous dont la vertu d'austérité se pique,
Censeurs, qu'eussiez-vous fait dans ce moment critique ?
Cependant que la nymphe effaçant en attraits,
Celles qui d'Arcadie habitant les forêts,
Embellissaient encor ses sources si limpides,
Interroge les lieux de ses regards timides,
Tremble d'être aperçue, et de ses vêtements
Se débarrasse enfin : sans jaloux ornements
Elle se livre à l'onde ; elle n'a plus d'alarmes.
Paris, au mont Ida, ne vit pas tant de charmes.
Son cœur ne palpita pas aussi fortement
Lorsqu'à ses yeux frappés d'un long étonnement
Le voile qui couvrait les déesses rivales
En tombant lui montra leurs formes sans égales ;
Que ton cœur, ô Damon, quand parmi tant d'appas
Et ses jambes de neige et ses pieds délicats
Parurent affranchis de leur tissu de soie :
Mais que dis-je ? Combien doit augmenter sa joie
Quand il voit la ceinture abandonner son corps
Et la robe qui s'ouvre étaler les trésors
De deux globes mouvants, à l'élastique albâtre,
Que le regard dévore et le cœur idolâtre.
Jeune amant, pourras-tu conserver ta raison
A l'instant où quittant leur dernière prison,
Tant de secrets appas d'une teinte si pure,
Chef-d'œuvre qu'acheva la main de la nature.
Sont exposés au jour, que dans son embarras,
Elle s'arrête, hésite et n'ose faire un pas,
Va jusqu'à s'alarmer du souffle de la brise
Et comme un jeune faon tremble d'être surprise.
Dans l'onde enfin elle entre, et le docile flot,

Sur son hôte charmant se referme aussitôt :
Il donne un ton moëlleux aux beautés qu'il retrace
Et le miroir mouvant anime chaque grâce
Qui flatte les regards d'un aspect plus riant.
Tel figure le lys dans un cristal brillant :
Ou des mains de l'aurore au matin arrosée ,
La fleur chère à Cypris à travers la rosée.
Couverte par les flots , mais cachée à demi ,
Tandis qu'elle s'enfonce , ou bien du voile ami
Qui garde sa pudeur, tandis que protégée ,
Sur la vague elle joue et glisse dégagée ,
Damon de ce bosquet d'où ses avides yeux
Contemplent à loisir tant d'attraits précieux ,
De plus en plus en proie à cette ardente flamme
Qui par torrents inonde et pénètre son âme,
Se plaît à prolonger un dangereux plaisir :
Mais l'amour dans son cœur triomphe du désir,
Et sert à réprimer une lâche pensée ;
Il croit d'un tel larcin sa maîtresse offensée.
Soudain en toute hâte il quitte son abri ;
Mais les vers qu'il traça pour cet objet chéri ,
Sa main auparavant les lance sur la rive :
« Belle amante, cessez de vous montrer craintive.
» Sans trouble jouissez des délices du bain .
» Vos charmes inconnus à tout profane humain
» N'ont été vus encor que de l'amour fidèle.
» De toute tentative à ses yeux criminelle
» Il vous garde : il prétend écarter de ces lieux
» Les téméraires pas, les regards curieux. »
Voyant la feuille exprès vers elle dirigée,
Musidore à l'instant, comme en marbre changée ,
D'étonnement demeure immobile. Au regard
C'est ainsi qu'apparaît ce prodige de l'art ,

La célèbre Vénus (1), divine enchanteresse,
Qui montre réunis ces trésors que la Grèce
Admirait séparés chez tant d'autres beautés.
Le calme est revenu dans ses sens agités.
Sans tarder, Musidore aux ondes se dérobe ;
Empressée, elle cherche, elle revêt sa robe,
Vêtement qu'en l'Éden on ne connaissait pas.
Après avoir soustrait aux regards ses appas,
Elle saisit et lit le papier qui l'alarme.
Mais au lieu de terreur, un je ne sais quel charme,
Un mélange nouveau de satisfaction,
De honte, d'embarras, de douce émotion
S'empare de son âme après cette lecture.
Sa honte ne naît pas d'une pensée impure.
Et l'innocence seule allume sa rougeur.
Elle estime Damon, est sûre de son cœur,
Où l'amour le plus vif cède à la modestie.
Un autre sentiment se met de la partie :
Elle n'a pas songé sans un orgueil secret
Que Damon à la voir a trouvé tant d'attrait.
Enfin un calme heureux, **doux** garant de sa flamme,
A banni par degrés le trouble de son âme :
Et l'écorce d'un hêtre aux spacieux rameaux
Qui penché sur la rive en ombrage les flots,
A conservé gravé par la plume rustique
Dont on se sert aux champs, cet aveu poétique
Que plus tard Damon baise en pleurant de plaisir :
« O vous qui m'êtes cher, que seul je puis choisir
» Pour décider du sens que ces rimes contiennent,
» Vous à qui par le sort trop de faveurs surviennent,
» Aujourd'hui par l'amour traité complaisamment,

---

(1) Vénus de Médicis. (*Note du traducteur.*)

» Soyez à l'avenir toujours discret amant.

» Un temps viendra peut-être, et peut être assez vite,

» Où vous ne devrez plus recourir à la fuite. »

    Le soleil amortit ses rayons furieux.
Son disque qui se penche et décline à nos yeux,
Ne lance désormais sur la terre ravie
Qu'une douce chaleur et qu'un éclat de vie,
Qui de riches couleurs allume en jaillissant
Les nuages du ciel, habit resplendissant.
L'imagination à leur suite s'égare,
Rêveuse, elle s'attache à leur forme bizarre.
Sous la voûte céleste où brillent ses produits,
La terre de son sein dont mûrissent les fruits
S'apprête à nous verser les trésors de l'année.
Tout avec elle vit. Voici de la journée
L'heure que va choisir le pensif promeneur
Qui solitairement et guidé par son cœur,
Délaisse les chemins qu'on suit à la campagne
Et cherche la nature au pied d'une montagne.
Avec elle c'est là qu'il aime à converser.
D'harmoniser son cœur on le voit s'efforcer.
Dans ses chants, il voudrait, au gré de son envie,
Répandre autour de lui cette heureuse harmonie
Des amis dont toujours l'âme est à l'unisson,
Instruments qui, d'accord, ne forment qu'un seul son,
Dont le regard s'élève et voit un autre monde
Meilleur et sur lequel leur juste espoir se fonde,
Au vulgaire invisible, et dont le sens exquis
De la philosophie en savourant les fruits,
A surpris les trésors que la science enfante,
Et dans le cœur desquels la vertu triomphante
Que les amants de l'or osent nommer roman
Enthousiaste, vit, jamais ne se dément ;

Invités par le charme où nous plonge cette heure,
Se sont donné le mot pour quitter leur demeure.
De la nature ils vont interroger la voix,
Mais ils n'iront pas loin. Sous l'ombrage des bois
Elle ouvre son portique et son savant lycée.
Le maître n'a jamais la mine courroucée.
A cette douce école où de purs entretiens
De l'esprit et du cœur resserrent les liens,
Chacun devient meilleur et rend meilleurs les autres.
Aux profanes humains se dérobant, apôtres
D'un culte plus sacré, maintenant des amants
Libres versent leur âme en doux épanchements.
Père de tout amour, témoin de cette ivresse,
Dieu, du regard approuve et bénit leur tendresse.
Amanda! dites-moi, quel chemin prendrons-nous?
Le choix est difficile : en ce moment si doux
A quoi sert de choisir? puisque je t'accompagne (1)
Pour moi tout est égal, ô ma douce compagne!
Dis-moi, longerons-nous les ruisseaux argentés
Ou des prés irons-nous admirer les beautés?
Faut-il nous avancer près des vertes orées?
Porterons-nous nos pas vers les moissons dorées?
Ou tandis que l'été rayonne avec orgueil,
Pour jouir d'un tableau qui ne lasse point l'œil,
Gravirons-nous tes flancs, délicieuse Shene (2);
Ici le paysage à nos regards s'enchaîne.
Tantôt ils vont chercher d'Augusta les hauteurs.
Et se portent tantôt sur ces collines sœurs,
Dont le contour encadre et décore la plaine;

---

(1) Nous avons cru devoir conserver ce tutoiement, et le *vous* qui le remplace
parfois. Ce n'est pas le seul exemple de cette formule variée qu'on trouve dans
Thomson, et cela ne nous paraît pas dénué de grâce. (*Note du traducteur.*)
(2) L'ancien nom de Richmont, signifiant en saxon, éclat ou splendeur.

(*Note du traducteur.*)

Sur le superbe Harrow, de figure hautaine,
Et sur Windsor enfin qui lève un front royal.
Si nous voulons trouver quelque chose d'égal
A cette scène calme en sa magnificence,
Transportons-nous aux lieux où faible à sa naissance
La Tamise grandit auprès de son berceau.
Là que notre œil ravi par un plaisir nouveau
S'élève jusqu'aux bois dont la cîme pendante
Couronne d'Harrington la retraite charmante,
Et semble l'enlacer de rameaux verdoyants :
Puis qu'il s'abaisse et plonge en ces berceaux riants,
Berceaux si doux de Ham, sous leur ombre tranquille,
De ses pas respectés, honorant cet asile
Qu'une aimable compagne orne de ses appas,
Queensbury, de son Gay, pleure encore le trépas ;
Et Corneb'ry, toujours à sa muse fidèle,
Pour prix de son amour est caressé par elle.
Suivons cette vallée à l'aspect merveilleux
Que forme la Tamise ; elle étale à nos yeux
Les bosquets de Twit'nam, lieux où les muses siégent :
On les voit consoler Pope qu'elles protégent,
Prier pour lui le Dieu qui donne la santé. (1)
Elle nous guide encore, en son détour vanté,
Au palais de Hamton à la princière face,
Aux hauteurs de Clermont qui montent en terrasse,
Aux bois si doux d'Esher. Délicieusement
Là goûtant le repos dans ce séjour charmant,
Que le môle en tournant de ses bras environne,
Pelham jouit des biens que la retraite donne ;
Oublieux de la cour, des travaux du sénat.
Enchanteresse image en ton superbe éclat,

---

(1) Dans sa dernière maladie. (*Note du traducteur.*)

De tout ce que la muse, amante du génie,
Chanta de l'Achaïe ou bien de l'Hespérie !
Du bonheur, ô vallée, ô séduisants coteaux,
Avec grâce montant pour regarder les eaux,
Où le Dieu du travail qu'on aime à reconnaître
Sourit au doux aspect des trésors qu'il fait naître !

Dieu, quel panorama vient s'offrir aux regards !
Des coteaux, des vallons, confusément épars ;
Des plaines, des forêts aux aimables ombrages,
Les flèches de clochers qui cherchent les nuages ;
D'opulentes cités annonçant leur splendeur,
Des canaux promenant la vie et la fraîcheur,
Et de la vue enfin, à travers la fumée,
S'effacent les objets dont elle était charmée.
Bienheureuse Angleterre, où nourrice des arts,
Élément de vigueur, brillant de toutes parts,
La liberté jamais ne trouve de barrière,
Chemine au loin, pénètre en la moindre chaumière
Et verse ses produits d'une prodigue main.

Fertile est ton terroir, et ton climat est sain :
Tes ruisseaux, de l'été bravent la sécheresse,
Tes chênes protecteurs (1), précieux de vieillesse,
Sont sans rivaux. Roulant un opulent trésor,
Au sein de tes vallons, les flots déposent l'or :
De tes troupeaux bêlants je vois chaque colline
Se couvrir ; sur leurs flancs en mugissant chemine
Le robuste bétail de plus sombre couleur :
L'herbe qui dans tes prés croît avec tant de vigueur
Fatigue à tout moment l'instrument qui la fauche.

---

(1) *Gardian-oaks*. Au chêne s'attachaient jadis en Angleterre des idées religieuses, jusque-là qu'y porter la hache eût été regardé comme un sacrilége.
(*Note du traducteur*).

Tes charmantes villas brillent de proche en proche :
L'homme des champs est riche, et la propriété
Qu'aux plus pauvres la loi, dans sa juste équité,
Sait garantir, lui rend le travail moins pénible.

　Des arts en tes cités la présence est sensible ;
Le plaisir, le labeur dont chacun sent le goût,
Remplissent chaque rue et se croisent partout.
L'homme suant du poids d'une lourde civière,
Et l'ouvrier qui taille, accablé de poussière,
La pierre destinée aux palais de nos rois,
Eux-mêmes sont contents. Confondus à la fois,
Mille mâts de tes ports forment le paysage.
Là tout est mouvement et vie, et le rivage
Répète au loin les cris des joyeux matelots,
Qui, prêts à s'élancer sur l'abîme des flots,
D'adieux font les signaux. Ils mettent à la voile
Et livrent le navire à son heureuse étoile.

　Ta jeunesse hardie et belle en sa vigueur,
Trempée à la fatigue, admirable de cœur,
Sitôt que le danger appelle son courage,
Chasse les nations partout sur son passage.
Tu règnes sur la terre autant que sur la mer,
Mais tu sais tempérer un éclat aussi fier,
Lorsque tes chefs, jaloux d'une paix désirée,
Montrent pour l'établir leur sagesse admirée ;
Hommes pleins de savoir et de capacité,
Sachant à la franchise allier la bonté.
Qui pourtant ici-bas, image du tonnerre,
Toujours prêts à punir les crimes de la terre,
Une fois provoqués sont l'effroi des pervers,
Et le salut de ceux qu'ils ont chargés de fers.

　Combien de tes enfants ont de droits à la gloire !

Mais surtout ton Alfred que garde la mémoire,
Par la guerre si grand et plus grand par la paix,
Trésor des nations, au nombre des bienfaits :
Préférable aux combats lorsque l'honneur la donne !
Héros qui marche ceint d'une double couronne ;
Dont les saintes vertus ont consacré le nom,
Et que sa propre muse a su. mettre en renom !
Le meilleur de tes rois. S'élançant sur sa trace,
Tes Henry, tes Édouard, d'une bouillante audace,
Chers à la renommée, et qu'on voit les premiers
De la Gaule hautaine abaisser les lauriers,
Et graver sur son front la terreur de tes armes,
Qui plane encor sur elle et la tient en alarmes.
En patriotes purs, hommes d'état profonds,
Je ne te trouve pas moins riche de ton fonds.
N'as-tu donc pas produit cet inflexible More?
D'un zèle généreux que pourtant on déplore,
Puisque l'erreur enfin était de son côté, (1)
Affrontant d'un tyran le courroux mérité ?
Ferme comme Caton, juste comme Aristide,
Comme Cincinnatus pauvre, pur et rigide :
Cœur intrépide et droit, qui commandait au sort .
Compta pour rien la vie et sourit à la mort.
Frugal et sage, aussi Walsingham l'intéresse :
Ce drake qui des mers te rendit la maîtresse ;
Et de cet élément devenu souverain ,
Déjà fit voir en toi l'effroi du genre humain.

---

(1) *Zeal mistaken, useful rage*, dit l'anglais. Cela n'est pas exact. Le chancelier *More* ou *Morus* est diversement jugé, selon qu'on examine sa conduite au point de vue catholique ou au point de vue protestant. La vérité est que cet homme illustre vécut et mourut en bon catholique. Goldsmith qui, dans son histoire d'Angleterre, rend autant de justice du reste que Thomson aux vertus de Morus, fait peser sur lui le même reproche, et ce reproche est précisément à nos yeux son plus beau titre d'honneur. (*Note du traducteur.*)

Tu t'élèves dès-lors , brûles de nobles flammes ,
Mais qui pourrait compter sous le sceptre des femmes
Tous les hommes fameux ? Avec art rassemblé
De chacun le mérite en Raleigh est mêlé.
Raleigh incessamment le fléau de l'Espagne ,
Que du sage toujours la prudence accompagne ,
Le feu du patriote et l'ardeur du héros.
Sa fermeté l'élève au-dessus de ses maux ,
Quand sous un règne lâche il est chargé de chaînes
Et qu'on le livre enfin pour obéir aux haines
D'un ennemi vaincu qui veut être vengé.
Mais son esprit actif, d'entraves dégagé ,
Pendant que la prison lui servait de demeure ,
Du moins en cet état met à profit chaque heure.
Il explore avec soin les siècles écoulés ,
Il sait faire un tissu de leurs faits révélés ;
De ses nobles écrits il éclaire le monde.
A quelque point qu'allât sa recherche profonde ,
Il ne put rencontrer de temps si glorieux
Ni si vils à la fois dans leur contraste affreux ,
Que ceux où l'on lui fit expier comme un crime
Ses leçons de valeur , de dévoûment sublime.
Et toi , brave Sidney , pourrai-je t'oublier ,
La plume des combats , historien guerrier ,
Toi dont la muse a ceint de bonne heure la tête
Du myrthe de l'amant , des lauriers du poëte ?
Terre illustre , Hamden reçut le jour de toi ;
Ame vaillante , ferme et maîtresse de soi ,
Qui contient le torrent d'un âge qui décline ,
Enclin à l'esclavage , allant à sa ruine ;
Il relève ton front au nom de liberté ,
Et réveille en ton cœur son antique fierté.
Fidèle , à cet appel brille ton âge d'hommes ,
Au souvenir desquels loin du siècle où nous sommes ,

D'énergiques esprits enflammeront le leur,
Et les tyrans troublés pâliront de terreur.
Ah! donnez-moi des fleurs ; choisissons les plus belles,
Que j'en fasse un hommage aux dépouilles mortelles
De ce brave Russel qu'on vit pur, innocent,
Avec un air joyeux pour nous donner son sang,
Tache, opprobre éternel de ce règne impudique
Aspirant cependant au pouvoir despotique,
Quoique plongé, perdu dans de honteux plaisirs.
Sans crainte, bien plutôt au gré de ses desirs
Le Cassius anglais (1), son noble ami, de même
Périt. Esprit altier, d'une bravoure extrême ;
L'ancienne liberté qu'il voyait respirer
Dans les auteurs anciens venait le dévorer.
Albion, en savants, riche, ainsi qu'en poëtes,
Dès que de ses rayons éclatant sur nos têtes,
La science éveillée éclaira nos climats,
Attirant à son tour les muses sur ses pas,
Tu réclames Bacon. Il choisit mal sa place :
Aux orages civils il ne peut faire face;
Et dans la barbarie élégante des cours,
Sa vertu ferme, plie et transige toujours.
Pour bien tenir sa route, il avance trop vite.
C'est dans d'autres travaux qu'apparaît son mérite,
Un loisir studieux lui devait être cher ;
La nature le fit vaste, profond et clair,
Élégant quoiqu'exact. Dans cette âme si haute
Elle unit à la fois, au savoir d'Aristote,
De Platon le génie et le souffle divin,
Et le ton merveilleux de l'orateur romain.
O grand libérateur, lui qui des monastères

___

(1) Algernon Sidney.(*Note du traducteur.*)

10

Où l'ombre jusque-là triomphait des lumières,
Des ecoles, alors tombeau de la raison,
N'enseignant qu'un subtil et frivole jargon,
Sut débarrasser, fit paraître à notre vue
Cette philosophie encore retenue
Sous les liens de mots, d'arguments impuissants,
De définitions toujours vides de sens.
Fille auguste des cieux, pour toi plus d'anciens maîtres,
Ton regard sûr s'élève à la chaîne des êtres ;
Tu la saisis aux cieux dans son ordre si beau,
Et la fais remonter dans les cieux, de nouveau.
De tes esprits encore un autre qu'on renomme,
Le généreux Ashley (1), ce noble ami de l'homme,
Avec les yeux d'un frère, interroge son cœur,
Déguise sa faiblesse et montre sa grandeur,
Et touche les ressorts les plus fins de son âme :
Par la beauté morale il la charme et l'enflamme.
Et ton Boyle, est-il besoin de le citer ?
Lui dont les soins pieux, ardents à tout scruter,
Cherchant le Créateur dans ses propres ouvrages,
Aux lieux les plus cachés poursuivaient leurs images.
Ton Locke, son rival, métaphysicien,
Qui du monde de l'ame a su faire le sien.
C'est assez de Newton, intelligence pure,
Qu'un moment nous prêta l'auteur de la nature,
Pour expliquer l'accord plein de simplicité
Des lois qui font marcher avec sublimité
Les mondes infinis cheminant dans l'espace :
Dans la philosophie il indique ta place.
Pour le sens juste, exquis, et la création,
Les nobles sentiments, l'imagination,

---

(1) Antoine Ashley Cooper, comte de Shaftesbury. (*Note du traducteur.*)

Et des replis du cœur la connaissance sûre ,
Shakespeare n'est-il pas l'orgueil de la nature,
Le tien en même temps ? L'on trouve dans Milton
Des muses de chaque âge et la grâce et le ton.
Tout objet s'enrichit des couleurs qu'il lui prête,
Universel autant que le sujet qu'il traite ,
Ainsi que le chaos , il étonne les yeux ,
Est frais comme l'Eden , aussi pur que les cieux.
Je ne laisserai pas dans un oubli coupable
Ce Spencer bien plus vieux , fils du caprice aimable ,
Il verse son génie en de riants tableaux ,
Comme une source épanche avec grâce ses eaux.
Ni toi son ancien maître , ô Chaucer , joyeux sage ,
Toi dont le vers piquant conservant l'avantage
De nous représenter avec fidélité
Les usages, les mœurs de ta localité ;
Brille encore à travers le nuage gothique ,
Dont la langue et le temps couvrent ta phrase antique.

Mais pour le reproduire en son charme flatteur ,
Que ma lyre à ton sexe emprunte sa douceur ,
O fortuné pays ! car tes filles sont belles.
De sensibilité leurs cœurs sont les modèles ;
Simplicité de mœurs, élégance, bon goût ,
Paraissent leur partage et les suivent partout.
Je redirai leur taille où tout est harmonie ;
Leur joue où l'incarnat se fond et se marie
A la blancheur native ; il perce mollement
Il anime leurs traits d'un coloris charmant ,
Et leur donne une grâce heureuse, inexprimable ;
Leur bouche , demi-close , ô charme incomparable ,
Qui pareille au bouton de rosée humecté
Dans un air embaumé souffle la volupté ;
Sous le jais , le châtain qui flotte avec paresse,

Ou s'arrondit en boule ou bien descend en tresse,
De ces trésors leur col légèrement voilé ;
Leur sein qui mollement quand l'amour l'a troublé,
S'agite ; leur regard qui pénètre dans l'âme
Par elle-même instruit, au moment où de flamme
Elle passe dans l'œil et supplée à la voix.

Au milieu de ces mers soumises à tes lois,
Qui grondent en battant tes côtes orgueilleuses,
Angleterre, du haut des roches sourcilleuses
Qui couronnent ton front, sur chaque nation ;
Tu planes, son effroi, son admiration,
Ses délices ! ô toi, dont la fière marine
Des peuples à l'instant décide la ruine.
Tandis qu'en sûreté tu braves leurs assauts,
Ferme comme tes rocs où se heurtent les flots !

O toi surtout qui peux par un signe de tête
En le précipitant ou le plaçant au faîte
Élever un empire ou le faire tomber ;
Pour que le nôtre, ô Dieu, ne puisse succomber,
Que par toi les vertus, escorte tutélaire,
En troupe s'unissant, protégent cette terre.
La bienfaisante paix, la douce humanité,
La charité si tendre et dont la piété
S'applique à soulager : les larmes qu'elle verse
Se lisent à travers son sourire qui perce.
La vérité sans fard, de l'âme la grandeur ;
Le courage tranquille et pourtant plein d'ardeur ;
Mère de la santé, la sage tempérance
Dont les yeux et le cœur indiquent la présence ;
La pure chasteté, chaque pas qu'elle fait,
Rougissant des regards qu'elle attire à regret.
L'industrie au travail fière de faire face,

Sa sœur, l'activité qu'aucun effort ne lasse,
Qui sait que le bien-être en est le résultat :
A leur tête brillant encore de plus d'éclat ;
Des vertus la première et vraiment paternelle,
Le bien public qui prêt à déployer son zèle,
Sur ce qui l'environne étend un long regard ;
Qu'impartial, on voit, à tout avoir égard,
Qui songe au genre humain et médite sans cesse,
Heureux des grands projets qu'il doit à sa sagesse.

Mais le soleil décline : il achève son tour.
Sur le point de toucher aux limites du jour
Il grandit à la vue ; en escorte d'élite
Les nuages changeants qui marchent à sa suite
Pompeusement parés des plus riches couleurs
Entourent son coucher de leurs vives splendeurs.
Les airs, alors, la terre et l'océan immense
Contemplent ce tableau, l'admirent en silence,
Lui souriant. Mais las d'éclairer l'univers
Et pour aller trouver la déesse des mers,
Ainsi que l'a chanté la lyre du poëte,
Il a l'air d'immerger sa radieuse tête ;
Il la plonge à demi, dans une courbe d'or
Elle brille à nos yeux étincelante encor ;
Enfin elle se cache ; on la voit disparaître.

Le jour qui toujours meurt et qui meurt pour renaître
Dans son cercle magique ainsi coule trompeur,
Vain et vide à la fois, tel un songe imposteur
Se peint dans le cerveau ; notre âme tout entière
S'y livre avec ardeur, embrasse sa chimère ;
Elle veut en jouir, et ne la trouve plus :
De même le jour passe indécis et confus
Pour celui qui ne fait que rêver sur la terre ;

De même il vient frapper d'une horreur salutaire
Le débauché cruel, à lui-même fardeau,
Qui chaque jour dissipe en un excès nouveau,
Ce qui dans le besoin auquel elle est en proie
D'une honnête famille eût pu faire la joie ;
Mais au cœur généreux augmentant en vertu
Qui ranime l'espoir du malheur abattu
Et qui dans le secret répand la bienfaisance
Comme tombe des cieux la rosée en silence ;
Le souvenir de jours qu'il sut si bien remplir
Cause un ravissement qu'on ne peut définir.

Maintenant révélé par ces pâles nuées,
Au départ du soleil de ses feux dénuées,
Le soir calme descend, il adoucit l'éther
Et siège de nouveau parmi le moyen air,
Il fait signe. A l'instant viennent des milliers d'ombres,
Une, d'autres ensuite, à nuances plus sombres.
Enfin, de plus en plus épaississant leurs jets,
Elles se suivent en cercle et voilent les objets.
Un vent plus frais des bois fait ondoyer la cîme,
Agite le ruisseau : dans sa course s'anime
Et balaye en courroux les mobiles épis.
La caille cependant rappelle par ses cris
Sa compagne en retard. La brise qui folâtre
Dans des champs de chardons, de leur duvet blanchâtre
Rend sous forme de pluie un utile tribut.
La nature toujours attentive à son but
Ne voit rien au-dessous de sa sollicitude.
A nourrir ses enfants elle met son étude,
Même les plus petits. Elle veut préparer
Le vêtement dont l'an plus tard doit se parer ;
Et pour semer partout des récoltes nouvelles
A la graine inconstante elle a donné des ailes.

Le berger avec soin a parqué son troupeau :
Il rentre le cœur gai. Parfois armé du seau
Dont le lait écumant déborde, il accompagne
La beauté que peut-être il voudrait pour compagne,
Au teint frais et vermeil ; qu'avec sincérité
Il aime, sans pourtant qu'on le voie agité
De ces transports mêlés et de joie et de peines
Que l'on éprouve ailleurs. A des marques certaines
Son amour se connaît : le langage des yeux,
Des actes de bonté, des soins officieux.
Ils marchent en des lieux que le passant redoute,
Gravissent les hauteurs qui dominent la route ;
Passent dans des vallons profonds, infréquentés ;
A la chûte du jour néanmoins visités
Par leurs hôtes légers, les fantastiques fées
Elles les ont choisis pour lieux de leurs trophées,
Y célèbrent des jeux, y prennent mille ébats
Et comblent leur ivresse en de brillants repas
Pendant les nuits d'été. C'est à nous de le croire,
Car du village ainsi le rapporte l'histoire.
Mais notre couple errant évite avec horreur
La fosse de celui dont l'aveugle fureur
Ne pouvant supporter les coups de l'infortune,
A voulu s'affranchir d'une vie importune.
De même en leur frayeur ils prennent un détour
Pour laisser derrière eux la solitaire tour
Aux vieux appartements où, selon la chronique
(Tant l'ombre de la nuit ,triste, mélancolique,
De puissantes terreurs sait frapper les esprits),
A l'heure de minuit gémissent des esprits.

A travers les sentiers et sur chaque charmille
Brille le ver-luisant. Son vif éclat scintille
Et de fugaces feux coupe l'obscurité.

Le soir cède à la nuit : Mais cette déité
A quitté maintenant la robe sombre et triste
Qu'elle a soin de porter lorsque l'hiver l'attriste.
Son léger vêtement que colore un brun clair
Transparent, délié, voltige au gré de l'air.
Un rayon imparfait parti de chaque chose
Au regard incertain, de l'objet qui le cause
Peint l'image à demi ; des eaux les flots mouvants,
Le feuillage agité par le souffle des vents,
Les villages, les rocs, le sommet des montagnes,
Qui, lorsque le soleil déserte les campagnes,
Retiennent quelque temps ses fugitifs rayons,
Confus, semblent nager si nous les contemplons.
L'œil las enfin, des cieux examine la voûte,
C'est là que Vénus brille et guide dans leur route
Les heures présidant aux mystères d'amour.
Dès le premier instant où, successeur du jour,
L'astre charmant se lève et reprend sa carrière,
Jusqu'à ce que du jour renaisse la lumière ;
Il règne sans rival, et sa douce clarté
De toute autre planète efface la beauté.
Mais tandis que je suis ses pas d'un œil avide
Et jouis, en secret, de son éclat splendide,
Des éclairs se jouant en sillons verticaux,
Ouvrent la nue, ou bien leurs feux horizontaux
Dessinent sur son front des formes effrayantes
Que la foule redoute et croit voir menaçantes;
Des orbes rayonnants, hôtes du firmament
Qui moins pour le parer de leur riche ornement
Qu'afin de l'animer, sont faits, sources fécondes,
Qui vont communiquer la vie à d'autres mondes
Paraissent s'échappant parmi l'immensité,
La comète qui fond d'un vol précipité,
Descend violemment jusqu'au globe solaire,

Et pendant qu'elle passe au-dessous de la terre
Et que sa queue immense est projetée au ciel,
Les coupables humains, dans un effroi mortel,
Tremblent. Bien au-dessus de ces terreurs grossières,
Le partage d'esprits qui manquent de lumières,
Nés pour l'erreur, mystique et stupide troupeau,
Que la crédulité range sous son drapeau;
Les esprits éclairés d'une flamme divine
Que la philosophie à son tour illumine,
Bénissent l'étrangère, et charmés de la voir,
Célèbrent dans leur âme, heureux de leur savoir,
La force de pensée agile, incomparable,
Qui laissant sous ses pieds la terre méprisable,
S'élance dans les airs et mesure les cieux.
Ils jouissent aussi, des déserts radieux
De l'éther quand encor l'étoile flamboyante
Etale à leurs regards sa merveille imposante ;
Exacte en son retour, sous un air effrayant,
Messagère pourtant de l'amour prévoyant.
Peut-être préposée au jeu de ses ouvrages,
La moisture adhérente aux infinis rouages,
De ces orbes nombreux, en quitte les ressorts,
Quand sa queue accomplit son ellipse en leurs corps.
Peut-être elle fournit l'aliment nécessaire
Aux soleils déclinants qui perdent leur lumière ;
Pour des mondes dans l'ombre est un bienfait réel,
Ou bien nourrit ce feu qu'on sait être éternel.

Toi daigne maintenant accueillir mon offrande,
Philosophie, ô viens, de ta belle guirlande
Viens couronner ma lyre et consacrer mon chant,
Source de l'évidence, avec elle épanchant
Le vrai : toi dont l'eclat est plus puissant encore
Qu'à midi le rayon dont l'été nous dévore ;
Pur comme le transport sacré, délicieux

De l'âme à son départ entrevoyant les cieux.
C'est ainsi que par toi soutenue, agrandie,
L'âme à présent s'élève en sa marche hardie.
L'orgueil qui lui promet de plus nobles plaisirs
La délivre soudain des indignes désirs
Qui captivent la foule, et sur des ailes d'ange
Elle atteint dans son vol ces lieux où rien ne change ;
Ces hauteurs que bien loin de tout chemin battu
Occupent la science et sa sœur, la Vertu.
La nature se montre à ses regards, sans voiles,
Elle perce ces champs que peuplent les étoiles,
Ou l'abîme qui s'ouvre à son intuition :
Tableaux pour la raison, l'imagination,
Également tracés. De recherches avides,
La première découvre, à commencer du vide,
Cette chaîne embrassant et la cause et l'effet,
Finissant à l'auteur qui lui seul a tout fait,
Qui seul possède l'être, à son tour, la seconde,
De la terre et des cieux dont la splendeur l'inonde
Reflète en son entier le magnifique éclat,
Et des beautés le trait ou fort ou délicat,
Ou voisin ou distant, perception active,
Où chaque objet se peint d'une façon plus vive.

La poésie à qui tu prêtes ton appui,
Sitôt que tes clartés à ses regards ont lui,
S'exalte, sa voix grave en de savantes pages,
Musique, sentiment, nombre, pensée, images,
Qui ne mourront jamais : trésor du genre humain,
Son titre le plus beau, son plaisir le moins vain.

Si tu ne l'éclairais de ta pure lumière,
De l'homme que serait l'existence grossière ?
Au travers des déserts, errant, l'infortuné,
A poursuivre sa proie y serait condamné.

LILLE. IMP. DE L. DANEL.

Vrai sauvage, couvert d'une agreste fourrure,
Privé de tous les arts dont l'aimable culture
Vient embellir la vie en polissant les mœurs ;
. Le bonheur domestique , aliment de nos cœurs,
Mêlé de soins si doux, de tendresse si pure,
Cette félicité que l'amitié procure,
Le charme précieux de la société ,
Ses lois garantissant notre sécurité ;
Tout cela le fuirait ; par un sillon habile ,
Aurait-il le pouvoir d'ouvrir le sol fertile?
Saurait-il manier l'outil de l'artisan ,
Ou guider en glissant sur l'immense océan
Le navire qui brave, emporté par Éole,
Ou les feux de la ligne ou les glaces du pôle ?
Art pénible qui fait goûter tant de plaisirs !
Il ne naîtrait jamais de ses cruels desirs
Que fraude , vol , combat , indolence , pillage,
Que malheur sur malheur, que scènes de carnage;
L'homme en ce cercle affreux tournant à chaque pas ,
Serait plus malheureux que s'il n'existait pas.
Mais éclairés par toi, douce philosophie,
Nous trouvons le secret d'embellir notre vie.
Nous te devons nos plans de police et de paix ;
Et notre politique est un de tes bienfaits,
C'es toi qui nous a dit de vivre comme frères ,
En troupe réunis, d'alléger nos misères.
Donc tandis que la foule a le rude travail ,
D'agir avec la rame ; assise au gouvernail ,
Cette philosophie avec sagesse veille ;
Ou bien des cieux au souffle en sa vertu pareille,
Gonfle, sans se montrer, la voile , et sur les flots
Dirige , à leur insu , les simples matelots.

Que dis-je? ce morceau de terre périssable,
De la philosophie au vol infatigable,

Pourrait-il limiter l'investigation,
Et n'aurait-elle ainsi que cette fonction?
Non, les plaines de l'air, radieuses contrées,
Dans son ardent essor sont par elle explorées.
Dans la création elle s'ouvre un chemin.
Ce complexe tissus de merveilles sans fin,
Est présent à ses yeux ; en son impatience
Elle cherche le Dieu par lui même puissance,
Cet être souverain qui créa d'un seul mot,
Mot à qui la nature obéît aussitôt ;
Dans le monde idéal déjà son regard perce,
De fantômes divers sa vision se berce,
Fidèles paraissant et fuyant à son gré ;
Ils se montrent en foule ou chacun séparé ;
Ils changent avec ordre, et quand leur rôle arrive,
Ils passent de l'image aussi nette que vive
Jusqu'au vague que perd l'imagination ;
Puis la philosophie, avec précaution,
Quittant cette dernière empressée à séduire,
S'adresse à la raison qui du vrai vient déduire
Le vrai, de ses calculs nous fait sentir le prix ;
Nous touchons maintenant au monde des esprits.
Chez eux toute action, leur vie est libre et pure ;
Mais ici le nuage entourant leur nature,
S'épaissit tout-à-fait. C'est assez de savoir
Que cet état obscur où nous pouvons nous voir,
Où nous courons, toujours aux passions en proie,
A des déceptions que chaque instant envoie,
De l'être cette enfance et première saison,
Des grands desseins de Dieu ne peut rendre raison.
Ses ouvrages parfaits qu'il surveille sans cesse,
Dont l'amour infini complète la sagesse,
A mesure que l'âme agrandit son essor,
Développent aussi leur merveilleux trésor.

L'AUTOMNE.

ARGUMENT. — Exposition du sujet. Dédicace à M. Onslow. Aspect des campagnes au moment où l'on va faire la moisson. Réflexions à l'éloge de l'industrie, inspirées par ce spectacle. La moisson. Épisode y relatif. Orage pendant la moisson. Chasse au tir, au lacet. Cruauté de ces amusements. Plaisant récit d'une chasse au renard. Vue d'un verger, fruits d'espalier, vignoble. Description des brouillards très-fréquents dans la dernière partie de l'automne. De là, digression ayant pour but des recherches sur l'origine des sources et des rivières. Considération sur les oiseaux qui dans cette saison changent de pays. Nombre prodigieux de ces oiseaux qui couvrent les îles situées au nord et à l'ouest de l'Ecosse. Coup-d'œil sur cette contrée. Aspect des bois décolorés, flétris. Après une journée douce et un peu sombre, clair de lune. Météores de l'automne. Le matin, auquel succède un jour calme, pur, jour de soleil tel qu'on en voit ordinairement clore cette saison. La récolte étant faite, les habitants de la campagne se livrent à la joie. Le tout se termine par l'éloge d'une vie champêtre et philosophique.

Lorsque l'Automne accourt, d'épis le front paré (1),
Et que sur plus d'un champ que sa main a doré,
Joyeuse, elle sourit, en mon thème rustique,
J'ai de nouveau recours à la flûte dorique.
Ce que l'hiver glacé prépara dès longtemps,
Ce que nous promettait en ses fleurs le printemps,
Et du soleil d'été la flamme fécondante,
Avec perfection maintenant se présente,
Et de toute sa gloire enrichit mon sujet.

(1) Voyez plus bas la note au passage concernant la moisson.

(Note du traducteur.)

Ici la muse, Onslow, vient nourrir le projet
Pour orner, ennoblir le chant qu'elle médite,
Pour s'inspirer aussi dans le soin qui l'agite,
De dérober ton nom : elle arrête un moment.
Ton ardeur au public vouée incessamment.
Elle sait tes pensers et tes travaux si dignes ;
Le vrai patriotisme et les vertus insignes
Qui brillent dans tes yeux et brûlent dans ton cœur ;
Quand de ton éloquence éprouvant la douceur,
Le sénat attentif que captive ta langue
Avec ravissement écoute une harangue
Qui surpasse la muse en sons harmonieux.
Toutefois elle a soif, dans son zèle envieux,
D'égaler ton élan pur et patriotique ;
De le rivaliser elle-même se pique,
Et faible de pouvoir, forte de volonté,
Par l'amour du pays quand il est exalté,
Son ton s'élève. Alors à joindre elle s'apprête
Le feu du patriote à celui du poète.

Quand la Vierge brillante amène les beaux jours,
Que de l'an la Balance égalise le cours,
De l'été qui s'enfuit la flamme dévorante
S'éteint au firmament. Sa voûte moins ardente
Commence à se vêtir d'un bleu tranquille et pur,
Et relevant l'éclat de ce manteau d'azur,
Une lumière d'or enveloppe le monde ;
Dépourvus des clartés dont le feu nous inonde,
De nuages ténus dans l'atmosphère assis,
Souvent perçant les flancs, des soleils adoucis
Tempèrent leurs rayons. Au-dessous des nuées,
D'innombrables moissons d'un jaune brun nuées
Se courbent sous le poids d'un opulent trésor,
Et debout, en silence, au loin montrent leur or.

Car même des zéphirs les paisibles haleines
Ne font pas onduler leurs vagues incertaines.
Heureux calme ! Rompant son équilibre enfin
L'air cède. Au signal naît une brise soudain ,
Et l'habit dont le ciel s'embellit et se pare,
Mobile vêtement s'entr'ouvre, se sépare,
Glisse légèrement. Tantôt l'astre pompeux
Illumine les champs d'un éclat radieux,
Et tantôt se cachant en des nuages sombres,
Sur la terre obscurcie il projète des ombres.
Perspective joyeuse et faite pour le cœur,
Elle découvre aux yeux le spectacle enchanteur
D'un déluge de blés flottants dans l'étendue !

C'est à toi, cependant, industrie assidue,
C'est à toi que l'on doit ces précieux bienfaits.
Du travail, des sueurs, ce sont là les effets.
Aucun de tes efforts ne s'exerce sans peine :
Des arts tu n'es pas moins la source souveraine,
Le fondement actif de la société,
Et de tout ce qu'elle offre en son aménité.
Par toi l'esprit humain et grandit et s'élève,
Avant toi, faible et nu, de la nature élève,
L'homme errant dans les bois et parmi les déserts
Subissait les rigueurs des éléments divers ;
Le germe heureux des arts était en lui, sans dou.. ,
Tous les matériaux se trouvaient sur sa route ;
Mais au lieu d'en user il demeurait oisif.
Le sommeil de l'esprit retenait inactif
Le pouvoir créateur donné par la nature.
Par le manque de soins l'avide pourriture
Dévorait ce que l'an, dans un autre dessein,
Se plaisait à verser de son prodigue sein ;
Le barbare toujours étranger à la joie,

A la chasse suivait les animaux de proie ;
En danger d'expirer percé d'un coup mortel,
S'il disputait le gland au sanglier cruel.
Bien plus à plaindre encore en son sort misérable
Lorsque des fiers autans le plus inexorable
Amenait à sa suite un hiver rigoureux.
Le farouche aquilon sur lui fondait affreux ,
Et dans le même instant déchaînait sur sa tête,
De grêle, neige ou pluie, une horrible tempête ; .
Ou de l'eau congelée il enchaînait le cours ;
Sa hutte informe alors était son seul recours,
Jusqu'au retour trop lent d'une saison plus chaude :
Car de logement sain, agréable, commode ,
Il n'en connaissait pas. Une triste cloison
En ce temps malheureux, tenait lieu de maison.
Oh ! qu'on devait souffrir !.... Une douce demeure,
De l'amour, de la joie, est l'asile à toute heure.
La paix et l'abondance y fixent leur séjour.
Là, des êtres chéris se payant de retour,
D'affectueux amis, dans leur commune ivresse,
Comme en un sanctuaire échangent leur tendresse,
Consacrent leur bonheur. Mais l'habitant des bois !....
Du sentiment jamais il ne connut la voix ;
Même au milieu des siens, il était seul, morose ;
L'ennui rembrunissait à ses yeux chaque chose.
Ses jours coulaient pesants, sombres, inconsolés.
Quelle perte de jours sans bonheur envolés !
Mais à la fin sorti de cette léthargie,
Il s'éveille à la voix de l'active industrie ;
Son utile flambeau lui prête ses clartés,
Elle a développé chez lui ses facultés ;
Et lui montre quand l'art doit aider la nature.
Ainsi la mécanique, auxiliaire sûre,
Remplace avec succès ses trop faibles efforts ;

Il sait des minéraux extraire les trésors ;
Utilise du feu la chaleur dangereuse ;
Détourne des torrents la course furieuse :
Dirige à son profit les limpides courants ;
Tire même parti de l'haleine des vents :
Maintenant la forêt cesse d'être épargnée
Et sa vieillesse cède à la forte cognée :
Le bois est façonné par l'habile ouvrier ;
La pierre cède aux mains qui viennent la tailler ;
Et par degrés enfin s'élève un édifice.
Chez l'homme il n'est plus rien dont notre orgueil rougisse ;
La fourrure grossière et que le sang souillait,
A fait place à l'habit chaud, commode, douillet,
A la soie éclatante, à l'étoffe moelleuse ;
Des mets sains ont garni la table somptueuse;
Et chez les conviés sortant de leur langueur,
Du fils de Sémélé la riante liqueur
Fait jaillir cette heureuse et piquante saillie
Qui renouvelle l'âme et qui la vivifie.
Mais l'utile progrès ne s'arrêtera pas,
L'homme avance toujours et plus ferme en ses pas.
Il insiste, il obtient de sa nouvelle audace
La pompe, la grandeur, l'élégance, la grâce ;
Plus tard sollicité par son ambition
Qui fait de nouveaux pas vers la perfection,
Le savoir, la science excitent son envie;
La gloire a des attraits pour son âme ravie ;
Sur la création il aspire à régner.

Vers un centre commun on vient se rallier,
La nation alors compose un corps unique
Qui veille, qui pourvoye à la chose publique,
Et subordonne ainsi les intérêts privés
A l'intérêt de tous. Au pouvoir élevés,
D'un peuple dont en eux ils offrent l'assemblage,

Les citoyens élus sont la parfaite image :
Et de leurs commettants pour garantir les droits,
On les voit établir de sages, saintes lois,
Enseigner les devoirs, animer l'industrie,
Enchaîner tout pouvoir hostile à la patrie,
Et dans le noble but de punir l'attentat,
Faire asseoir la justice au timon de l'état :
Ces maîtres éclairés, par leur rang respectables,
Gouvernent le pays, mais ils sont responsables.
Jamais ils n'ont nourri dans le fond de leur cœur
Cette pensée inique et contraire à l'honneur
Qu'une foule innombrable à la glèbe attachée
Cèderait sa moisson avec peine arrachée,
Et le rayon de miel qu'elle sut recueillir,
A des chefs qu'elle-même a bien voulu choisir,
Qu'elle a nommés pour elle et non pas pour eux-mêmes.

C'est de là qu'ont surgi sous différents emblêmes
Les formes qu'on adapte à tout gouvernement
Qui naît, se fortifie et marche incessamment
A la perfection, civilise le monde
En l'unissant ; nombreuse, et polie et féconde,
La société crût, nourrice de tout art ;
La cité dans l'air monte, elle étale au regard
Les tours et les clochers dont son front se couronne ;
Chaque rue en son sein se croise et se sillonne ;
Elle attire bientôt par un charme nouveau.
Ses enfants ont changé contre un séjour si beau
Leurs incultes forêts et ces buissons d'épines
Où des ifs enlaçaient leurs puissantes racines.

Dès ce moment afflue aux passages publics
La foule des marchands, avides de trafics :
A leur voix on construit des magasins immenses.
La grue est établie ; à de longues distances
Des produits étrangers en énormes amas

Chaque rue obstruée embarrasse les pas.
C'est ton courant, Tamise, ô toi, le roi des fleuves,
Que l'homme veut choisir pour ses nobles épreuves ;
Fleuve calme à la fois, large, majestueux,
Tu deviens le canal de son commerce heureux.
Image de ces bois, qui, dépouillés d'ombrage,
Des rigoureux hivers ont essuyé l'outrage,
Des deux côtés se dresse une forêt de mâts.
A côté d'eux la voile, en ses plis délicats,
Reçoit la mission de recueillir la brise.
Du pesant gouvernail l'aide ensuite est requise.
Sous l'effort cadencé de vigoureux rameurs
La barque magnifique, aux brillantes couleurs,.
Le long du vaisseau glisse, et l'agile chaloupe
Se joue autour de lui sur les flots que découpe
La rame de son aile. A la rive on entend
Les cris de l'équipage en hâte s'agitant.
Le vaisseau dans ses flancs que le chêne protége,
Découvre les canons aux rangs où chacun siége,
Foudre de l'Angleterre, effroi du continent,
Libre, il frémit, s'élance et vole impatient.

Bientôt paraît le dôme avec sa colonnade,
De meubles élégants le luxe fait parade ;
Est-ce là tout ? Oh ! non. Plein du feu créateur,
Le canevas surpris reproduit chaque fleur ;
Et l'art des Phidias, rival de la nature,
Fixe les traits de l'homme et sa noble figure ;
Il le fait respirer : Sur le marbre amolli,
Le ton moelleux des chairs, leur aspect embelli
Par l'habile ciseau, sont les œuvres qu'enfante
L'imagination hardie et triomphante.

Ces prodiges divers, ces précieux bienfaits,
Sont dus à l'industrie ; oui, voilà ses effets.

Tout ce qui rend plus douce et plus chère la vie,
Nous élève à nos yeux ou flatte notre envie,
Est devenu son œuvre. Auprès de l'âtre assis,
Ainsi le triste hiver, oublieux des soucis,
Heureux, entend la voix de l'ouragan qui tonne :
De ses doigts endurcis il tresse la couronne
Dont le joyeux printemps doit plus tard se parer.
Même sans cet hiver qui vient le préparer,
Privé de sa vigueur, l'été dans l'étendue
N'offrirait qu'un tableau désolant pour la vue.
Il frustrerait par là l'automne en son espoir ;
Et ses fertiles mois ne nous feraient pas voir
Ce trésor infini de moissons abondantes
Frémissant mollement en vagues ondoyantes
Qui semblent aujourd'hui solliciter mon chant.

Dès que du front des cieux l'aurore se penchant
Développe le jour qu'en son sein elle cache,
Les moissonneurs ardents préparés à leur tâche,
Se présentent en ordre, et chacun prend plaisir,
Placé près de l'objet d'un amoureux désir,
Par les soins attentifs, l'aide qu'il lui prodigue
A lui sauver le poids d'une grande fatigue.
Ils s'inclinent ensemble, et leur actif labeur
Des gerbes sans relâche augmente l'épaisseur ;
Tandis que du hameau la chronique joyeuse
Toujours un peu mordante, à la bande rieuse,
Inspirant la gaîté, sans scandale pourtant,
Lui fait à son insu tromper en plaisantant,
Avec l'ennui du temps les heures étouffantes,
Le maître derrière eux de ses mains diligentes
De javelles bâtit, forme des tas nombreux,
Et d'un riche tableau rassasiant ses yeux,
Dans les émotions où son cœur est en proie,

Il le sent se remplir et se gonfler de joie.
Cependant les glaneurs dans les champs dispersés,
D'épis qui sur le sol demeurent délaissés
Composent brin à brin leur récolte chétive :
C'est là du dénûment une image bien vive.
Opulents laboureurs, devenez généreux :
Dépouillez une gerbe et détournez les yeux.
Cédez de tant d'épis du moins une poignée ;
Que votre gratitude ainsi soit témoignée
Au dieu de la moisson si libéral pour vous.
De remplir vos greniers il se montra jaloux :
Et ces infortunés qui sont pourtant vos frères,
En foule sur vos pas étalent leurs misères;
Ils vont quêter ainsi que les oiseaux du ciel.
A votre bienfaisance ils font un humble appel.
Songez aussi, songez aux coups de la fortune,
Que le faible secours, qu'à la plainte importune,
A regret aujourd'hui vous pourriez accorder,
Peut-être vos enfants viendront le demander.

Aux jours de son bonheur, la jeune Lavinie
Eut de nombreux amis; à l'aube de la vie
Le sort lui souriait; il parait son berceau ;
Bientôt il démentit un présage aussi beau
Et la laissa languir au sein de la misère.
Loin de tous ceux à qui sa fortune fut chère,
Sans soutien désormais, dans cet état cruel
Que sa seule innocence et le secours du ciel,
Aux détours d'un vallon, solitude ombragée,
Avec sa mère veuve, infirme et d'ans chargée,
En une humble chaumière, asile de regrets,
Elle se retira ; mais l'ombre des forêts,
Et cette solitude et ce séjour agreste
La cachaient moins encor que sa vertu modeste.

Ces êtres, de la sorte, échappaient au mépris
Qui, comble d'infortune, en est souvent le prix,
Aux vœux dont un amant qu'enhardit la richesse
Ose exprimer parfois l'orgueilleuse bassesse.
La nature prenait soin de les sustenter
Comme les gais oiseaux qu'ils entendaient chanter,
Ils n'avaient nul souci du jour qui devait suivre,
Et de ce que ce jour apporterait pour vivre.
Lavinie en fraîcheur brillait comme au matin
La rose dont ses pleurs ont humecté le sein ;
Pure et sans tache ainsi que le lys des vallées
Ou la neige des monts. En son cœur rassemblées,
Les touchantes vertus animaient ses beaux yeux,
Baissant parmi les fleurs leurs regards radieux :
Et si parfois sa mère à sa triste mémoire
Présentait du passé la douloureuse histoire,
Lui rappelait le sort soigneux de les tromper,
Qui ne les caressa que pour mieux les frapper,
Ces mêmes yeux alors brillaient noyés de larmes.
Tel l'astre du soir luit en étalant ses charmes
A travers la rosée. Un simple ajustement
Qui la parait bien mieux qu'un riche vêtement,
Voilait ses purs attraits et sa taille parfaite.
Il savait l'embellir d'une grâce secrète.
La beauté n'a besoin d'atours ni d'apparat ;
Et moins elle est ornée et plus elle a d'éclat.
Offrant de la beauté le type et le modèle,
Lavinie ignorait pourtant qu'elle était belle.
Les forêts renfermaient ce trésor dans leur sein :
C'est ainsi que parfois au cœur de l'Apennin
Sous l'enceinte de rocs dont l'abri l'environne,
Et sans que d'un mortel le regard l'y soupçonne,
Un myrte heureux s'élève et charme du désert,
Exhale ses parfums sans être découvert.

De même en son aurore, échappant a la vue,
Lavinie éclatait, ignorée, inconnue.
Contrainte cependant par la nécessité,
Un jour elle a plié sa douce volonté,
Un jour à sa misère elle cherche un remède
Et va glaner aux champs que Palémon possède.
Libéral, généreux, le riche Palémon
Aimait à résider dans ce riant canton.
Là, joyeux de la vie et simple et pastorale,
Il mêlait avec goût l'élégance rurale,
Avec tant de bonheur, connue aux temps anciens
Et que vantent encor les chants arcadiens ;
Aux temps où la coutume, esclave tyrannique,
N'asservissait pas l'homme et que pour mode unique
Il suivait librement la nature. Aux tableaux
Que l'automne nous montre en ses aspects nouveaux,
Palémon souriant, guidait à l'aventure
Ses nombreux moissonneurs, lorsque par sa figure
La pauvre Lavinie attire son regard.
A cette attention, bien loin d'avoir égard,
La modeste glaneuse en sa crainte ingénue
A l'instant a rougi, tremble et baisse la vue.
Palémon est ravi. Néanmoins son ardeur
Qui rencontre en chemin la timide pudeur,
A perdu la moitié des charmes qu'elle cache
A de honteux désirs cette pudeur l'arrache
Et bannit de son cœur la folle passion.
Le véritable amour en prend possession.
O surprise !.... Malgré le feu qui le dévore,
Du monde cependant la voix l'arrête encore.
Hé quoi ! Son cœur qui cède à de pareils penchants,
Pourrait-il avouer une fille des champs,
Glaneuse, qu'on y voit quêter sa subsistance ?
Son amour combattu lutte avec violence,

Et bientôt en secret il murmure ces mots :

« O pitié de songer que pour comble de maux ,
» Une si délicate et douce créature,
» Qui reçut la beauté des mains de la nature,
» Aux regards tout empreints de sensibilité,
» Et de qui l'air si doux annonce la bonté,
» Au sort de quelque rustre, en esclave enchaînée,
» Subira les dégoûts d'un indigne hyménée !
» Ah ! si j'en juge bien, c'est d'Acaste le sang ,
» D'Acaste à qui je dois ma fortune et mon rang.
» Elle réveille en moi la mémoire chérie
» De ce vieillard qui fut mon guide dans la vie.
» De ma fortune en lui je vois l'auteur d'abord.
» Maintenant cet ami, ce protecteur est mort.
» Ses terres, ses maisons, tout a changé de maître,
» Et sa famille a fui pour ne plus reparaître.
» On m'a dit que sa veuve et sa fille, à l'écart,
» En un lieu solitaire et loin de tout regard,
» Transfuges du grand monde et d'une pompe vaine
» De qui le dur contraste eut aggravé leur peine
» Par l'aspect d'un éclat qui fut jadis le leur,
» Sous le chaume indigent ont caché leur douleur ;
» Qu'elles vivent encor : vainement je les cherche,
» Elles ont jusqu'ici bravé toute recherche.
» O trop bizarre idée, en qui pourtant j'ai foi :
» Je crois voir à présent sa fille devant moi. »

Mais quand l'interrogeant, il apprend d'elle-même
Que d'un ami si cher, dont la faveur suprême
Le combla de bienfaits, elle est la fille, alors
Qui pourrait de son ame exprimer les transports ?
Les mouvements confus dont il n'est plus le maître,
Les violents frissons qui parcourent son être ?
C'est maintenant qu'il veut conserver son amour.

La flamme qu'il cachait va paraître au grand jour.
Pendant qu'il la regarde, à son ivresse en proie,
Il pleure de pitié, de tendresse, de joie.
Lavinie est troublée à l'aspect de ces pleurs :
Mais son teint s'est paré des plus belles couleurs,
Lorsqu'enfin éperdu, sans tarder davantage,
Palémon de ses vœux ainsi lui fait hommage :

« D'Acaste, il est donc vrai, je retrouve dans toi
» Les restes précieux. Du cœur suivant la loi,
» Comme je t'ai cherchée avec sollicitude,
» Afin de te montrer ma vive gratitude !
» Après un si long temps j'ai pu te rencontrer !
» De quel pur sentiment tu viens me pénétrer !
» En toi de mon ami l'image vertueuse
» Revit : c'est sa figure aimable et gracieuse.
» Je reconnais son air, mais chez toi seulement
» Les traits sont dessinés plus délicatement.
» Moins douce du printemps est pour moi la présence
» Que toi, l'unique fleur m'offrant la ressemblance
» De la tige qui m'a de ses trésors nourri.
» Transfuge du désert dout l'aspect m'a souri,
» A quel réduit obscur, à quel antre sauvage
» Dois-tu cette beauté qui du ciel est l'image,
» Et déploye à mes yeux ses charmes ravissants?
» Quoi ! sur un sol ingrat , des besoins renaissants ,
» De l'orage et des vents les fureurs déchaînées
» N'ont pas flétri l'éclat de tes belles journées !
» Ah ! désormais pour toi que leur courroux soit vain !
» Laisse-moi t'implanter sur un riche terrain ;
» Où de plus doux soleils versent leur influence,
» Où de fertiles eaux enfantent l'abondance !
» Ah ! sois de mon jardin et la joie et l'orgueil !
» O spectacle indécent, affligeant pour mon œil !

» D'Acaste, dont le cœur plus grand que les richesses
» Se trouvait pauvre encore, songeant que ses largesses
» Ne pouvaient pas s'étendre à tous les malheureux,
» Le père d'un pays ! ô penser douloureux !
» Je pourrais voir la fille en proie à l'indigence,
» Ravir quelques épis pour gage d'existence,
» Aux champs qu'il m'a légués. Jette, jette bien loin
» Cette ignoble pitance, aliment du besoin !
» A tes rudes travaux souffre que je t'arrache !
» Ce n'est pas pour tes mains qu'est faite cette tâche.
» Ces champs, leur possesseur, tout enfin t'appartient.
» Un souvenir bien cher que mon cœur entretient
» Me dit que je dois tout à ta noble famille.
» Tu pareras l'éclat dont ma fortune brille ;
» Aux biens dont ta maison se plut à me doter,
» Pour surcroît de faveur si tu veux ajouter
» Le pouvoir précieux et que surtout j'envie
» De changer tes destins et d'embellir ta vie. »

Le jeune homme se tait : mais ses regards encor
Quêtent une réponse ; ils sont pleins du transport
De l'ineffable extase où son âme se noie,
Goûtant le sentiment de l'ineffable joie
Qui s'y peint et l'élève au-dessus d'un mortel.
Lavinie est émue à ce touchant appel,
Et ne fait pas longtemps attendre sa réplique.
Eperdue, elle cède à l'ascendant magique
Que tant de bonté vient exercer sur son cœur ;
Et le consentement se lit dans sa rougeur.
On court en apporter la nouvelle à sa mère,
Qui triste, regrettait une fille si chère ;
Et déjà redoutant un malheur trop certain,
De sa cruelle absence accusait le destin.
De ce qui s'est passé la véridique histoire

Lui paraît un vain songe, à peine elle ose y croire :
Son être est ranimé par ce bienfait des cieux
Un rayon de bonheur a traversé ses yeux
Et vient se réfléchir sur le soir de sa vie :
Ses malheurs sont finis : elle est aussi ravie
Que le couple charmant, qui béni par l'amour
A de nombreux enfants plus tard donna le jour,
Postérité comme eux de tous les dons parée,
Bonne enfin, et qui fut l'orgueil de la contrée.

De l'an trop fréquemment est détruit le labeur.
Au sud l'ouragan couve en un calme trompeur.
Des bois d'abord à peine il frôle le feuillage.
Aux champs tout est paisible : un doux souffle y voyage.
Devant lui les épis frissonnent mollement.
Cependant le vent croît de moment en moment ;
Et l'atmosphère au gré du courant invisible,
Dont elle sent la force active, irrésistible,
Se précipite et fond sur le monde effrayé.
La forêt a courbé son front humilié :
De ses arbres frappés jusque dans leurs racines
Déjà de tous côtés comme autant de ruines
Les feuilles vont joncher le sol avant le temps.
De son sommet pelé qu'assiégent les autans,
Le mont brise leur choc auquel il est en butte,
Les arrête, les coupe, il met fin à la lutte,
Et les lance en torrent sur le riant vallon.
Sans défense exposée au puissant tourbillon,
Roulant incessamment les vagues agitées
D'une mer de moissons par ses coups tourmentées,
La plaine flotte, et bien qu'il cède sous l'effort ,
Le souple épi ne peut échapper à son sort ;
Soit qu'en l'air il tournoie ou que son tuyau vide ,
Au regard désolé montre une paille aride.

Parfois aussi la pluie à flots impétueux
De l'épaisse nuée ombre noire des cieux,
En déluge descend, la tempête s'y mêle,
Et couvre chaque objet de son ombre nouvelle :
Le déluge redouble et les champs d'alentour
Par les eaux envahis se dérobent au jour.
Le fossé plein déborde et partout le pré nage ;
D'innombrables courants élancés avec rage,
Des monts tombent brisant tout obstacle jaloux.
Que dis-je ? Dans son lit le fleuve avec courroux
Bondit, se précipite, atteint, fait disparaître
Les moissons, le bétail, la cabane et son maître,
Pèle mêle engloutis ; et de ce que debout
Les vents avaient laissé, les flots maîtres de tout
Complètent la ruine. Ainsi, plus d'espérance.
Ces trésors dont l'automne étalait l'abondance,
Trésors du laboureur chèrement achetés,
Tout périt. Dans sa fuite à pas précipités,
Il gagne une hauteur. Désormais sans ressource,
Son œil suit les débris qu'emporte dans sa course
Le flot dévastateur : le fruit de ses travaux
En cent lieux dispersé, son bœuf qui sous les eaux
A rencontré la mort. A l'avenir il songe.
Qui peindra la douleur où son âme se plonge,
En pensant que l'hiver le surprendra demain
Auprès d'enfants chéris qui manqueront de pain !
Maîtres, montrez alors une âme charitable !
Pourriez vous oublier la main infatigable
Qui vous aide à couler vos jours si mollement ?
Ces membres que recouvre un simple vêtement,
Tandis qu'enveloppé dans de chaudes fourrures,
De la rude saison vous bravez les injures ;
Cette table frugale où quelques maigres mets
Servent à défrayer vos opulents banquets,

Font pétiller le vin qui brille en votre coupe,
Des ris et des plaisirs fixent chez vous la troupe?
N'allez pas exiger avec avidité
Ce que les vents jaloux et l'onde ont emporté !

Terminons cette scène : une autre la remplace.
J'entends le son du cor, il annonce la chasse,
Renforcé par des cris, le bruit d'armes à feu.
La muse ici pourrait s'occuper quelque peu
A décrire le chien, qui tout-à-coup s'arrête
Au milieu de sa course en avançant la tête,
De ses naseaux instruits aspire et hume l'air,
Et connaît le gibier, averti par le flair.
Qui prudent, plein d'adresse, interroge la voie,
En silence se glisse et tombe sur sa proie ;
Ou les divers oiseaux qui montrent au soleil
D'un plumage changeant l'azur et le vermeil,
Et dont l'essaim perché parmi le rude chaume,
Veille à sa sûreté, se défiant de l'homme.
Dans le piége cruel cependant attirés,
Ils cherchent vainement à s'échapper des rêts :
Par leurs efforts toujours s'empêtrent davantage ;
La lutte les épuise et trahit leur courage.
Même aux plaines de l'air qu'on les voit conquérir,
Ils ne courent pas moins la chance de périr :
Car tandis que montant dans leur essor joyeux,
Leur aile ambitieuse allait chercher les cieux,
Ils descendent atteints, aussi prompts que la foudre ;
Ou dispersés, blessés par quelques grains de poudre,
Ils tournent en tous sens, au hasard se mouvant,
Et s'envolent, toujours balotés par le vent.

Mais de pareils sujets t'imposent le silence.
O Muse, de tes chants pour garder l'innocence,

Tu te tais à dessein : ton plaisir est de voir
Les êtres animés en groupe se mouvoir
Autour de toi, brillants et d'ardeur et de vie ;
Il te ferait horreur ce plaisir qu'on envie,
Amusement cruel et qui donne la mort,
Affreusement joyeux, que convoite si fort
Une aveugle jeunesse, avide, impatiente,
Debout pour s'y livrer dès l'aurore naissante ;
Dans le même moment où de meurtres lassés,
Les monstres des forêts qui par la faim pressés
Exerçaient leur carnage au milieu des ténèbres ,
Du moins dès que la nuit de ses voiles funèbres
Dégage l'horizon, disparaissent honteux,
Et dérobent au jour leurs ravages hideux.
Il n'agit pas ainsi l'homme en sa tyrannie ,
Il montre sans pudeur sa puissance impunie,
Et passe de bien loin, aveugle en sa fureur,
Les animaux de proie en leur féroce ardeur :
Car c'est par passe-temps qu'il immole, déchire ;
Et lorsqu'en son éclat le jour vient lui sourire.
Sauvages animaux, venez lui reprocher
Cette soif que le sang ne saurait étancher !
Vous, le besoin vous presse, et veut une victime :
Mais regorgeant de tout s'accoutumer au crime ;
Des mains de la nature avec amour bercé,
Aimer à voir souffrir l'être qu'on a blessé ;
Se plaire dans le sang que l'on vient de répandre,
Voilà ce que jamais vous ne pourrez comprendre.

Quant au lièvre timide, à fuir accoutumé,
De triompher de lui qui peut être charmé ?
Lancé du champ de blé, son séjour ordinaire,
Soit qu'il cherche un refuge écarté, solitaire,
Dans les joncs d'un marais, qu'il trompe le regard

Pénétrant sous le chaume, ou se cache avec art
Sur ces terrains où croît la bruyère, soigneuse
De couvrir de feuillage une lande épineuse ;
Aux chardons de la plaine, aux touffes de genêts
Qu'il livre son salut ; de ses rameaux fanés
Que la fougère amie a son manteau semblable
Paraisse lui promettre un abri favorable ,
Ou soit que la jachère aussi fauve que lui ,
Par l'éclat du soleil qui sur sa face a lui ,
Le rassure ; qu'il monte en sa course rapide
Sur la hauteur d'où coule une source limpide :
Rien ne peut le sauver ; quoiqu'il se tienne coi ,
Muet , l'oreille basse et palpitant d'effroi ,
L'œil constamment ouvert, exacte sentinelle,
Et que pour sûreté la nature fidèle
Voulut placer très haut, afin qu'en son rayon
L'animal découvrît un immense horizon :
Entre ses pieds velus quoiqu'il cache sa tête ,
(Car à certain signal à partir il s'apprête)
La rosée a pompé les odeurs de son corps ,
Les exhale bientôt et trahit au dehors
Son labyrinthe obscur ; parmi les ouvertures
La brise qui gémit avec de longs murmures ,
En grossissant sa voix accourt lui présager
L'orage qui s'avance et le met en danger.
Plus proche et plus fréquent le bruit enfin augmente ;
Il charge l'air ; le lièvre a bondi d'épouvante.
La meute entière arrive, elle ne fait qu'un saut ,
Et sa tremblante proie est saisie en sursaut.
Résonnant des coteaux comme pour une fête ,
Le cor de l'ennemi proclame la défaite ;
Le coursier qui hennit et l'avide chasseur
Expriment de concert leur joie avec ardeur.
Le tout pour une pauvre et faible créature

Qui ne sait que nous fuir, qu'à plaisir on torture.
Tableau qui n'offre aux sens du spectateur blessé
Qu'ivresse discordante et tumulte insensé.

Ornement de ces bois où monarque il commande,
Le cerf au front rameux , isolé de sa bande,
Est lui-même forcé de conjurer le sort,
En butte au même orage. Echappé de son fort,
D'abord à sa vitesse imprudent il se fie ;
Excité par la peur, bientôt toute sa vie
A passé dans ses pieds ; il évite le vent ,
Et par cette manœuvre , il réussit souvent
A détourner de lui l'odorat qui le flaire,
Et trompe en son calcul la meute sanguinaire ,
Ou du moins quelques chiens. Courte déception !
Bien qu'en sa course , au gré de son intention ,
Il glisse plus léger à travers les campagnes
Que Borée effleurant le sommet des montagnes ,
Pénètre les halliers, passe dans les bosquets,
S'enfonce dans le cœur des bois les plus épais.
La meute cependant qu'en sa course il dépasse,
Plus lente, mais toujours attachée à sa trace ,
Attentive à l'odeur qui sert à l'indiquer,
Des massifs protecteurs accourt le débusquer.
Chassé de cet asile au secourable ombrage ,
Pour son salut alors il met tout en usage ;
Il parcourt de nouveau , rase encor la forêt.
Maintenant il soupire , il voit avec regret
Aux doux rayons du jour se dorer la clairière
Où bien souvent du front en luttant sans colère
Avec ses compagnons il venait se heurter,
Cette place où souvent l'amour sut l'arrêter.
Dans la source du mont qui jaillit écumante,
Il veut laver ses flancs que la chaleur tourmente ,

Y perdre cette odeur qui révèle ses pas ;
Il cherche ses amis, mais ne les trouve pas.
Vainement il implore, aucun d'eux ne l'assiste :
Son malheur a rendu tout le monde égoïste.
Que lui reste-t-il donc ? Autrefois vigoureux
Ses muscles secondaient ses efforts généreux ;
Ils n'ont plus de ressort, et faible, sans haleine,
Un sentiment amer, de douleur et de peine
S'empare de son cœur. Désormais aux abois,
Le désespoir lui fait seul entendre sa voix ;
Des pleurs, des pleurs brûlants mouillent sa noble face,
Il gémit : mais les chiens qui précèdent la chasse
Fondent sur son beau corps ; et de sang altérés
Déchirent sa poitrine et ses flancs bigarrés...

Mais cela doit suffire. A l'ardente jeunesse
Dont le sang enflammé circule avec vitesse,
Si de la chasse il faut accorder le plaisir,
Contre le fier lion qui, calme au lieu de fuir,
Au fer qu'on lui présente oppose son courage,
Qu'elle ose mesurer sa belliqueuse rage !
Oh ! non, dans ce danger où chacun craint pour soi,
La foule des chasseurs recule avec effroi.
Sur l'affreux loup sorti de sa caverne horrible
Que, velu comme lui, son ennemi terrible,
Ton chien excité coure ; au sanglier cruel,
Qui de destruction menace tout mortel,
Que ton dard acéré lancé d'une main sûre
Ouvre en perçant le flanc une large blessure !

Cette chasse, ô Bretons ! ne peut s'offrir à vous. (**1**)
Eh bien, exercez donc votre utile courroux
Sur le voleur de nuit (**2**) qui dans la bergerie

(1) On ne connaît en Angleterre ni loups ni sangliers. (*Note du traducteur.*)
(2) Le renard. (*Note du traducteur.*)

Fait avec sûreté sa recherche impunie.
De son repaire obscur l'avez-vous délogé ?
Que par toute la chasse il se trouve assiégé ;
Sautez le fossé large et franchissez la haie ,
Que le marais profond n'ait rien qui vous effraie ;
Percez de la forêt le dédale incertain ;
Malgré ce vain obstacle ouvrez-vous un chemin ;
Courez et plongez-vous au sein des eaux profondes ,
Guidés par votre instinct , sans redouter les ondes ;
Là, montez sur la vague, et qu'âme de ces bords
Votre voix triomphante éclate en longs accords,
De rochers en rochers , harmonie entendue
Par la voix des échos en tous lieux répandue ;
Gravissez les hauteurs et leur sommet boisé ,
Du raide escarpement , encore plus osé
Que chacun de vous glisse, ou parcoure la plaine ,
Dévore cet espace, et sans reprendre haleine
Epuise ses efforts sur les pas du gibier.
Car heureux le chasseur qui marche le premier !
Suit dans tous ses détours le renard qui l'évite ;
De la meute à profit sait mettre le mérite,
Et voit enfin saisir l'animal scélérat ,
Sans se plaindre , souffrant, quoique dans cet état
Par la rage des chiens , sous leurs vives morsures ,
Son corps tout déchiré saigne de cent blessures ;
Glorieux celui-là pardessus ses rivaux ,
Quand le cor vient marquer la fin de leurs travaux
Par son bruyant signal ; que ses sons pacifiques
Annoncent leur entrée en ces châteaux antiques
Dont le renom jamais ne risque de périr ; ·
Que d'emblêmes la chasse a pris soin de couvrir :
D'un renard à propos au toit la peau pendue,
Aux larges murs de cerf une tête étendue
Près de masques anciens inspirant de l'effroi.

Des veneurs à son ton on reconnaît le roi.
Là des faits sur lesquels leur prouesse est fondée ,
Les *Centaures* bruyants n'ont pu donner l'idée :
Par leurs cors de la nuit le silence est troublé ,
Et de leurs vieux castels le dôme est ébranlé.

Mais au vaste foyer le feu d'abord s'allume ;
Du haut des vases pleins à flots la bière écume ,
Et la table gémit malgré son épaisseur
Sous le quartier de bœuf effrayant de grosseur,
Et qui maîtresse pièce en garnit l'étendue.
On s'arme du couteau dont la main est pourvue ;
Les chasseurs affamés ouvrent la brèche , et tous
De l'honneur du pays également jaloux ,
Pour vanter l'Angleterre et sa gloire immortelle
Acquièrent en mangeant une force nouvelle ;
Ou bien dans leur ardeur assiégent un pâté ;
Et si la faim leur laisse un peu de liberté ,
Ce qui n'arrive guère , ils parlent de la chasse ;
De citer ses exploits personne ne se lasse.
Satisfaits , la faim dit à la soif sa sœur
D'introduire le *bowl* (1), le bowl qui , possesseur
D'un punch brûlant , boisson exquise, libérale,
Répand autour de lui dans la joyeuse salle
Une odeur comparable à la brise de mai
Quand elle effleure et flatte en son vol parfumé
La bergère éperdue , au sein des fleurs couchée,
Languissante d'amour et la tête penchée ,
A l'instant où l'amant qu'elle ne voyait pas
D'un pas furtif arrive et se glisse en ses bras.

_____

(1) Nous avons conservé ce mot que tout français sait prononcer , ne pouvant employer le mot *bol* qui se prononce de même , mais dont l'acception est toute différente. (*Note du traducteur.*)

A sa brune couleur se faisant reconnaître ,
D'Octobre (1) la liqueur à son tour va paraître ;
Déposée avec soin en des caveaux obscurs ,
Elle est depuis trente ans renfermée en leurs murs.
Elle rougit et brille en voyant la lumière ;
Dans son âge elle puise une saveur princière
Et ne céderait pas en goût au meilleur vin.
Désespoir des buveurs qui réclament en vain ,
L'adroit *whist* fait sa ronde exacte , accoutumée ,
Et circule à travers un torrent de fumée
Qui parfume la salle et se mêle en tous sens.
Dans le fond du cornet les dés retentissants
Désireux de quitter leur prison trop étroite ,
Vont avec grand fracas s'élançant de la boîte
Réveiller le *gamon* (2). Miss, qu'amuse la *gigue* (3),
Sans beaucoup murmurer supporte la fatigue
Que lui font éprouver ses robustes amants.

On rejette à la fin ces froids amusements
Souvent quittés, repris. Et de nos *lords* la troupe ,
Se décide à changer les cartes pour la coupe.
Ils s'approchent , un cercle est formé prudemment ;
C'est maintenant qu'on boit plus sérieusement.
Ici point de raison, d'excuse qui dispense :
Un malheureux en vain réclame l'indulgence ,
Prêt à se trouver mal ; les corps sont inondés
Et les bowls sont remplis aussitôt que vidés ;
Jusqu'à la table boit , le pavement ruisselle
Et se dérobe aux pas du buveur qui chancelle ;

---

(1) Très-probablement une bière fort supérieure aux autres et qu'on sert pour régal.

(2) Terme familier qui exprime une espèce de jeu de *trictrac* très-connu en France.

(3) Air de danse aussi très-connu en France. (*Note du traducteur.*)

Dans le même fluide alors chacun nageant,
Plus libre vocifère, et de thême changeant,
Vingt langues à la fois parlent dans leur ivresse
De chevaux et de chiens, d'église et de maîtresse;
Mêlent la politique avec le revenant,
Vrai désordre qui croît toujours se maintenant.

Une pause succède. Un canon qu'on entonne,
Retenu trop longtemps soudain éclate et tonne,
Par les cœurs ébaudis à l'instant répété.
Chaque âme semble avoir un nœud de parenté;
Et l'on donne un plein cours aux transports, au fou rire,
Le bruit confus des voix, des pieds tient du délire.
La meute cependant arrachée au sommeil
Par de longs aboiements accuse son réveil,
Et mêle sa musique à celle de la fête.
Comme l'on voit souvent la terrible tempête
Qui la nuit de la mer bouleversa les flots
Faiblir vers le matin, présage de repos,
Par degrés de la troupe ainsi s'éteint la joie.
Leur langue embarrassée et que la liqueur noie
En vain veut soutenir, avide de parler,
La pesanteur du mot qu'il faut articuler.
A leurs yeux des flambeaux la clarté devient trouble,
Chacun semble danser et chacun paraît double.
Tel l'astre du jour flotte à travers le brouillard;
Leur pied trébuche, glisse, ils tombent au hasard;
Pipes, verres, journaux, flacons qu'on voit les suivre
Tout comme si la table elle-même était ivre,
Les couvrent de débris. Par dessous gît souillé
Un monceau de vaincus sur le pavé mouillé.
Le démon de l'orgie, ami de cette scène,
Les yeux pleins de sommeil, se soutenant à peine,
Siége à califourchon sur leurs corps immergés

Et les tient jusqu'au jour dans l'ivresse plongés.
Là peut-être un docteur auguste, vénérable,
Abîme de savoir (1), à panse redoutable,
Survit, et près de fuir le pénible tableau
Qu'étale devant lui son impuissant troupeau,
Oppose à cette image un souvenir antique;
Et debout, contemplant d'un air mélancolique
Ce groupe de buveurs à ses pieds expiré,
S'écrie en soupirant : « Tout a dégénéré. »

De la chasse pourtant si le plaisir horrible
A tant d'attrait pour nous, qu'un sexe plus sensible
Sache s'en abstenir! Ah! que jamais sa main
Du sang d'un animal ne rougisse son sein!
Courage déplorable! adresse déplacée!
Eh! quoi, voir une femme en cet art exercée
Franchir une clôture et guider un coursier,
Prendre attirail de chasse, en homme s'habiller!
Cela nous choquerait : nos belles britanniques
Y perdraient leur douceur et leurs attraits magiques.
Il est si gracieux chez ce sexe enchanteur
Son attendrissement à l'aspect du malheur;
Au mouvement qu'on fait, au mot que l'on prononce,
De lire en sa rougeur une aimable réponse;
Si contre quelque obstacle il s'agit de lutter
De le voir soudain fuir au lieu de résister;
Encore plus touchant par sa propre faiblesse,
De qui l'aveu tacite en flattant intéresse,
Et porte d'autant plus l'homme à le protéger!
Ah! que puissent ses yeux prompts à nous engager,

(1) *Abyss of drink*, abîme de boisson : mais voulant rendre autant que pos-
sible toutes les images de Thompson et en même temps ne pas trop choquer le goût
français, nous avons préféré cette traduction. (*Note du traducteur.*)

Ne jamais contempler de spectacle plus triste
Que les pleurs des amants à qui son cœur résiste,
Assidus à poursuivre un précieux gibier,
Qui ruse toutefois, aime à les fouvoyer.
Que les femmes, chef-d'œuvre orné par la nature,
Adoptent une simple, élégante parure !
Faites pour embellir, pour harmoniser tout,
Que leur talent se borne à chanter avec goût
Et nous ravir aux sons qu'Amour met dans leur bouche;
A faire soupirer le luth que leur main touche;
A nous développer la grâce de leurs pas,
En figurant la danse et ses brillants ébats;
Sur une riche étoffe, avec la broderie
A tracer savamment une image fleurie;
A guider le crayon, en vers mélodieux
A nous représenter le langage des dieux;
A prêter par les soins d'une main raffinée
Plus de saveur aux fruits que procure l'année;
Des mets que la cuisine offre pour aliment
A relever le prix par l'assaisonnement;
A revivre, instruisant à marcher sur leurs traces
Des enfants qu'on verra reproduire leurs grâces;
A la société donner le meilleur ton;
Rendre un époux heureux en réglant sa maison;
Et par la modestie unie à la sagesse,
Une finesse adroite et qui jamais ne blesse;
Ecarter prudemment tous les soucis du cœur,
Féconder les vertus, accroître le bonheur,
Diminuer enfin les peines de la vie :
Des femmes c'est le lot, le seul digne d'envie.

Jeunes gens maintenant rendez vous vers ces lieux
Où le rauque ruisseau dans son cours sinueux
De hauteur en hauteur tombe dans la vallée :

De noisetiers touffus digue toujours peuplée ,
Et qui retient leur nom en vêtement serré
Qui des buissons piquants ne soit pas déchiré ,
Vous, vierges, hâtez-vous ; les hôtes du feuillage
Pour la dernière fois modulent leur ramage.
Les noisettes, trésor si doux à vous offrir,
Un amant empressé vole les recueillir
Sous l'ombrage secret du bois , et s'il rencontre
Au sommet d'un rameau leur groupe qui se montre
Bruni par le soleil ; vers la terre penché,
L'arbre cède à la force un produit recherché ;
Ou bien lorsqu'il secoue en son ardeur folâtre
Les noisettes que cache une cosse verdâtre ,
Elles courent joncher le sol d'un brun brillant.
Les cheveux de *Mélinde* ont cet éclat riant ;
Mélinde, de beautés le touchant assemblage,
Et sans s'en prévaloir moins belle encore que sage ;
Pour tout dire , au-dessus de mon vulgaire encens.

A ces lieux où la joie éclate en longs accents,
Dérobons-nous. Courons aux sites où l'Automne
Montre de tous côtés l'orgueil de sa couronne ;
Entrons dans le verger ; de ses fruits embaumé ,
Par un esprit vital je me sens ranimé ;
Là , des rameaux courbés sous le poids qui les presse ,
Que la brise empressée avec amour caresse ,
Que frappe le soleil , silencieusement
Une pluie odorante échappe à tout moment ;
Sur chaque branche on voit la poire succulente
Étaler aux regards sa richesse abondante.
La nature savante et qui raffine tout
Varia leur famille et nuança leur goût ;
D'air et d'eau, de soleil et de terre mélange,
Ensemble combiné , mais qui sans cesse change.

Après leur chute ainsi , pendant les froides nuits.,
A l'époque où l'année élance ses produits
En innombrable amas sur le sol qui verdâtre ,
De ce nouveau tapis prend la couleur rougeâtre ;
Dans les pommes pénètre , en leurs pores errant
Un fin acide , frais. de l'autre différent.
Du cidre la boisson est par là préparée ,
Et ménage un piquant à la langue altérée.
Ce thème fut le tien , ce fut ta grâce aussi ,
Heureux Phillips , ô toi! qui t'annonças ainsi
Le barde de Pomone, et qui , rempli d'audace ,
Sans souci de la peine , osa sur le Parnasse
Le second reproduire en toute liberté
La poésie anglaise avec sa majesté.
Tu nous appris comment des cuves de *Silure*
Les vins étincelants que leur travail épure
Ecument à flots clairs ; les uns par leur chaleur
Dans les fêtes d'hiver réveillent la vigueur ;
Des autres la saveur plus douce et bienfaisante
Tempère de l'été la flamme trop cuisante.

Durant cette saison , penché vers l'occident ,
Quand le soleil nous lance un rayon moins ardent ,
Qu'il rend les jours égaux ; dans tes belles allées
Qu'habite le silence et des zéphirs peuplées ,
Où règne la nature en ses simples appas ,
Dodington , je m'égare , et j'amuse mes pas.
Mon regard à travers différents points de vue
Des plaines de *Dorset* mesure l'étendue ,
Perspective sans fin ; là , noire de forêts ;
Là , riche de moissons qui dorent les guérêts ;
Là , blanche de troupeaux ; ta superbe demeure
Cependant à mes yeux se dessine à toute heure :
Splendide , elle ravit les regards enchantés ,

Et doit à chaque jour de nouvelles beautés.
Tantôt quelque statue ou bien quelque colonne.
Chaque printemps paré de sa fraîche couronne
Rencontre d'autres plants qu'il va faire fleurir ;
Des bosquets attendant son souffle pour verdir.
Là, tout est plein de toi : c'est le séjour des Muses.
Noble chœur des neuf sœurs, c'est là que tu t'amuses
A tresser en errant dans de secrets sentiers
Pour le vertueux *Young* et pour lui des lauriers.
Là souvent, Dodington, je brigue ton suffrage,
A la brise inspirante aussi je rends hommage ;
Je médite en chemin le livre que toujours
La nature nous ouvre, et fort de ce secours
Je m'étudie alors, plein du feu qui m'enflamme,
A graver la vertu dans des vers pleins de flamme.
Parmi ces espaliers exposés au soleil,
Lorsqu'assise je vois l'Automne au front vermeil,
Sous cette impression par l'image tracée ;
Mon thème favori revient à ma pensée.
Je contemple la pêche au duvet cotonneux,
Par sa couleur la prune au loin frappe mes yeux ;
Le rougeâtre brugnon à saveur recherchée ;
Sous le large couvert de sa feuille cachée
La mielleuse figue ; en nœuds voluptueux
La vigne enlace aussi ses tendrons tortueux ;
Et sentant du midi les flammes fécondantes,
Livre au soleil l'amas de ses grappes pendantes,
Sans même désirer un plus heureux climat.

Qu'à présent dans son vol étincelant d'éclat,
L'imagination à plaisir se transporte
Vers de plus vastes sols, de nature plus forte,
Où la vigne aux rayons du plus ardent soleil
S'élève et se déploie en un riche appareil,

S'étend dans le vallon, grimpe sur les collines ;
De rochers en rochers enfonce des racines,
Y prodigue ses jets, et boit à leur pourtour
Les rayons plus puissants que déverse le jour ;
Puis courbe ses rameaux qui sous leur poids s'affaissent ;
Les fruits à nos regards maintenant apparaissent
A demi sous la feuille. En couleur différents,
Ils nous peignent la flamme et brillent transparents,
Pour être fécondés. Cependant arrosée,
Leur peau s'amollit, gonfle, et pompe la rosée
Là grappe se remplit d'un jus délicieux.
Elle mûrit enfin sous le rayon des cieux.
Les deux sexes alors parcourent la campagne ;
Le jeune homme jaloux d'offrir à sa compagne,
Elle à son tour de rendre à son amant aimé
Le doux trésor de l'an, que l'an a parfumé.
Avec transport tous deux ils parlent de vendange.
Bientôt les travailleurs arrivent et tout change.
A travers l'horizon qui vous paraît sans fin,
Le pays flotte, écume en des torrents de vin :
Le raisin que l'on foule et fermente et s'épure,
Il va verser partout une allégresse pure,
Au fond de chaque coupe. Ainsi le doux clairet,
Vermeil comme la lèvre, où penser plein d'attrait,
Epuisant sa liqueur, on croit dans son ivresse,
Dans un baiser d'amour exhaler sa tendresse ;
Le bourgogne flatteur, mais qui sait dominer,
Et vif comme l'esprit qu'il nous semble donner,
Couronne du repas, le pétillant champagne
Que la gaîté réclame et toujours accompagne.

Par la froide saison à présent condensés
Des amas de vapeur fondent à flots pressés ;
Vapeurs qui dans l'éther jusque-là retenues,

De nos faibles regards n'étaient pas aperçues.
Déjà d'épais brouillards enveloppent le mont.
La hauteur qu'on voyait aux cieux lever le fron ,
Et dont les vastes flancs épanchaient des rivières ;
Qui dominaient enfin de leurs têtes altières
Des royaumes rivaux par elles divisés,
Loin de flatter encor les regards amusés,
Par des tableaux divers, s'effacent à la vue
Qu'arrête la vapeur sur leur masse étendue.
C'est l'œuvre d'une nuit. Tout est sombre, hideux.
De là se propageant les brouillards vaporeux
Descendent par degrés ; ils absorbent la plaine :
Les bois ne montrent plus qu'une image incertaine ;
La rivière elle-même en son cours indolent,
Roule un flot à la fois plus obscur et plus lent.
Et sans force devant l'obstacle qu'ils repoussent,
Du soleil à midi les rayons qui s'émoussent
Se réfractent au loin. Il paraît renaissant,
Multiple, s'élargit, et l'orbe blanchissant
Frappe les nations d'effroi ; parmi l'air trouble,
La grosseur des objets sur la terre redouble.
Le berger que de loin nous contemplons errant,
A nos regards surpris est devenu géant.
Tant qu'enfin des vapeurs les cercles qui grossissent
En s'amassant toujours se serrent, s'épaississent :
Un brouillard général sur le monde s'assied,
Et la confusion partout a mis le pied.
Ainsi que des Hébreux l'a chanté le poëte,
Lorsque dans son enfance, inhabile, incomplète,
La lumière attendait un moteur souverain
Qui pût dans le chaos lui frayer un chemin ;
Et que l'ordre parmi l'obscurité douteuse
Ne pouvait pas régler sa marche hasardeuse,

Ces brouillards qu'à présent on distingue fumeux,

Et qui viennent couvrir les pays montagneux,
Mêlés aux flots de pluie et de neiges alpines
Dissoutes du soleil, aux cavités voisines
Du cœur des grands rochers, vaste réservoir d'eau,
Apportent leur tribut. De là naît le ruisseau ;
La fontaine en jaillit et joue (1) infatigable ;
La rivière, trésor certain, inépuisable,
Y puise ses bienfaits. Certains sages ont dit
Qu'où l'onde en abondance échappe de son lit,
Et fouette à tout moment la rive tourmentée,
Par des couches de sable à son tour agitée,
Elle soutient la lutte, elle élève ses flots,
Et qu'étreinte parmi leurs angles inégaux,
Elle dépose alors sa substance saline,
Et poursuivant son cours s'adoucit et s'affine.
Mais le fluide actif ne s'arrête jamais.
Bien qu'il aille au vallon souvent porter le frais,
Attiré par le sable au haut de la montagne, .
Dans sa direction d'abord il l'accompagne,
S'écarte de la mer et s'obscurcit aux yeux.
Bientôt il a repris son éclat radieux,
Et pur aux feux du jour que sa présence étonne,
Bondit d'un saut agile, il écume, bouillonne.
Les flancs de la montagne et ses points culminants
Brillent de ces ruisseaux sans cesse jaillissants.
Mais à quoi songent-ils ? Quelle est donc cette idée ?
Eh quoi, d'un vain désir leur âme possédée,
Au sein des monts peut-elle aimer à voyager .
Quand à rester ailleurs tout doit les engager ?
Lorsqu'avec un souris les aimables vallées
Leur offrent le repos, un doux lit. Si troublées

---

(1) Joue représente parfaitement le mot *plays* ; mais joue est très-hardi et peut-être ne nous le passera-t-on pas. (*Note du traducteur.*)

13

Par une ambitiou qui nous trompe toujours,
Les ondes aiment tant à détourner leur cours,
Aux cavités du mont, de joncs embarrassées,
Pourquoi donc faire halte, en leur course lassées,
Et pourquoi déserter dans leur zèle indiscret
Un sable jusques-là pour elle plein d'attrait?
Ce n'est pas tout, les sels agglomérant leur masse,
Produit des anciens temps, de ces ruisseaux la passe
Doit enfin s'engorger. Sans quoi, comme les monts
Qui par de lents degrés effacent les vallons,
L'Océan s'infiltrant dans les pores du monde
Aurait depuis longtemps de sa grotte profonde
Délaissé le séjour, et son courroux nouveau
Eût de *Deucalion* reproduit le fléau.

D'où partent, dites-moi, les sources éternelles
Qui vont nous enrichir de leurs tributs fidèles,
Raffraichissent le globe et ses êtres joyeux?
Et quel est leur principe? Ah ! sans doute nos yeux
Les recherchent en vain. Génie, intelligence,
Qu'à l'homme concéda la divine puissance,
Pour sonder les secrets de l'abîme profond,
Des montagnes à nu découvre-moi le fond;
Déploye à mes regards leur structure cachée!
Que leur charge de pins des Alpes détachée,
Les montre sans obstacle, enlève ces grands bois
Affreux, que le Taurus, l'Immaüs à la fois
Etendent à travers l'immense Tartarie !
Que les flancs de l'Hémus contentent mon envie;
Et l'Olympe élevé, si fécond en ruisseaux !
De ces monts dans le nord battus de vents rivaux;
Les Doffrines courant par la Scandinavie,
Vers tes derniers confins, inculte Laponie,
En levant vers le ciel leur face de géant.

Emule de la nue et leur sommet béant ;
Et s'arrêtant enfin à la mer glaciale ,
Du Caucase imposant que sa hauteur signale
A ces navigateurs qui s'ouvrent un chemin
Parmi la mer Caspienne et les flots de l'Euxin ;
De ces rocs (1) que le russe en son erreur profonde
Croit pouvoir appeler la ceinture du monde ;
Et de ces pâles monts, siége des noirs autans,
Que ceignent la tempête avec les ouragans,
Et d'où la Sibérie, immense, solitaire,
Guide des flots glacés à la plage polaire ;
Fonds les tributs neigeux dont chacun est si fier.
A l'Atlas qui se penche et menace la mer,
Elle-même agitant chaque vague bruyante,
Sous la base du mont toujours retentissante,
Qui va toucher le ciel et , dit-on, le soutient,
Ordonne d'étaler les trésors qu'il contient !
Aux gouffres d'autres monts pressant l'Abyssinie
Plonge et fais pénétrer ta recherche infinie !
Creuse ceux de la lune aux sommets recourbés,
Cavernes de métaux à nos yeux dérobés,
Mais qui brillent au jour ! Par leur taille effrayante,
De ces fils de la terre à stature géante,
Souveraines encor, que les Andes tendant
De la ligne, à ces mers où la foudre en grondant
Frappe le pôle austral, de leurs hideux abymes,
Dévoilent à mes yeux les profondeurs sublimes (2).
O surprenant tableau ! Toute obscurité fuit.
Ici, le fleuve enfant m'apparaît dans son lit :

---

(1) Les Monts Riphées.
(2) A l'exemple de La Harpe (dans son Cours de littérature) nous avons risqué
d'allier ces deux mots qui semblent s'exclure. La Harpe dit de Bourdaloue qu'il
est sublime en profondeur comme Bossuet en élévation. (*Note du traducteur.*)

Ses efforts pour sortir ont frappé mon oreille.,
De chaque couche, là j'observe la merveille,
Je vois les cavités s'ouvrir à chaque instant,
A la pluie, à la neige, au brouillard suintant.
Je remarque plus haut les divers lits de sable :
Succède le gravier caillouteux et friable :
La terre exhibe après le terreau mélangé.
Je distingue des rocs dont le corps partagé
Montre de tous côtés de fréquentes fissures ;
Du rocher qui comme eux parmi leurs ouvertures,
Laissant passer les eaux qui pénètrent leur sein,
Empêchent que leur cours aille se perdre en vain.
Par-dessous ces égoûts versant avec constance,
J'admire les syphons d'une grandeur immense,
Les larges réservoirs que la craie a formés,
Où l'argile compacte, en ces lieux renfermés ;
C'est de là qu'à longs flots le cristallin liquide
S'ouvre parmi le sable un passage rapide ,
Bouillonne à mi hauteur du rocher escarpé,
Ou coule librement de ses pieds échappé.
C'est ainsi que d'accord et conspirant ensemble
Pour une œuvre diverse et qui sert à l'ensemble,
Le soleil agissant , l'air chargé de vapeurs,
De leur côté les monts qui par de longs labeurs
Attirent les vapeurs dont les masses pressées
Sous la forme de pluie arrivent condensées,
Et les lancent après sur les champs altérés
En fleuves vers la mer dont ils sont désirés,
Maintienent leur concours, et leur puissance amie,
Du grand tout ici-bas entretient l'harmonie.

Lorsque l'automne épand ses dernières lueurs,
Pressentant de l'hiver les prochaines rigueurs,
L'on voit se rassembler, jouer les hirondelles.

Sous un ciel calme et pur, balancé sur ses ailes,
Leur essaim emplumé coupe l'air en tous sens,
De cercles répétés : mais glacé, dans leurs sens,
L'hiver pénètre et met un terme à cette joie.
Elles cherchent alors et trouvent une voie
Sous le rocher miné, s'y groupent en amas ;
Ou dans quelque caverne à l'abri des frimas ;
Mais plutôt (cette idée est encor plus probable)
Elles vont visiter un ciel plus favorable,
Avec d'autres oiseaux qui sont aussi chanceux.
Ils goûtent la douceur de ces climats heureux,
Tant que du gai printemps le sourire renaisse.
De vifs trémoussements expriment leur ivresse.
Leur innombrable foule occupe en ce moment
Les vastes champs de l'air où tout est mouvement.

Aux lieux où résignant ses ondes magnifiques,
Le Rhin perd son orgueil dans les plaines belgiques,
Qu'à la mer en courroux un travail incessant
Et de la liberté le zèle tout puissant
Sont venus disputer, des cigognes la troupe
S'assemble et tient longtemps conseil, avant qu'en groupe
Dans les plaines du ciel vers un climat lointain
Elles osent tenter un voyage incertain.
On a choisi la route et des guides fidèles ;
La bande s'est préparée et dispose ses ailes,
En cercles redoublés leurs bataillons épais
Ne se livrent d'abord qu'à de simples essais :
La troupe monte enfin au séjour des orages,
Dans les vagues de l'air, et se mêle aux nuages.

Où l'Océan du nord écume à gros bouillons
Et lance avec fureur en vastes tourbillons
Son onde environnant les côtes inconnues,

Des îles de *Thulé*, mélancoliques, nues ;
Ou bien où l'Atlantique inonde de ses flots
Les *Hébrides*, souvent l'écueil des matelots ;
Qui dira des oiseaux quand la saison les presse,
Les transmigrations qui s'opèrent sans cesse !
Combien de nations arrivent et s'en vont?
Combien dans l'atmosphère où leur marche est de front
L'œil voit en les suivant dans leurs lointains voyages
De nuages vivants monter dans les nuages ?
Ailes qu'on ne saurait compter! l'air empenné (1),
La rive d'un seul cri, sauvage, ont resonné.

Ici de son troupeau d'une taille exiguë,
Et d'un autre bétail de chétive venue,
Le berger fait ressource, il cherche à les nourrir
De simples aliments que lui viennent offrir
Les tertres verdoyants dont l'île se couronne ;
Royaume du berger que la mer environne!
Lui-même sur des rocs arides, surplombés,
Il recueille des œufs aux oiseaux dérobés,
Ou des lacs poissonneux tire sa subsistance ;
Il serre le duvet qu'il trouve en abondance
Et qui doit composer le lit des luxueux.
Sur ces îles, miroir où se peignent les cieux,
Planant, la muse enfin voit la Calédonie
A l'aspect romantique, aux tons pleins d'harmonie :
Ses monts aériens qui battus par la mer
Ondulante à leurs pieds, en reçoivent un air
Qui subtil, vivifie et retrempe les fibres ;
Ses augustes forêts, vierges et toujours libres,

---

(1) *Plum-dard air.* Il nous paraît difficile de rendre d'une manière tout-à-fait satisfaisante la force et la plénitude de sens de cette expression. C'est ici assurément un de ces passages qui sont l'écueil d'un traducteur. (*Note du traducteur.*)

Que planta la nature et depuis tant de temps ;
Ses lacs d'azur peuplés d'un trésor d'habitants,
Qui déroulent leurs flots dans l'immense étendue,
Et ses vallons, si verts où s'égare la vue
Baignés depuis la *Tweed* (1) aux transparentes eaux
(Qui m'a vu naître et dont mes doriques pipeaux
Dans mon enfance encore firent gémir la rive,
Que ma voix quoique faible attirait attentive,
Comme les bords du *Jed* (2) qui coule dans le but
De payer à la Tweed un fidèle tribut).
Jusqu'à ces lieux affreux où la tempête gronde,
Sous le souffle du nord, en sa rage profonde,
D'orca betubium tourmentant les sommets,
Terre où les habitants par le malheur formés
Apprirent à tenter des choses glorieuses.
Ils durent au savoir des clartés précieuses,
Lorsque pour se soustraire à la fureur des Goths
Il voulut s'envoler aux bords occidentaux ;
Race mâle de cœur, indépendante, fière,
Sage, et qui s'illustra par sa valeur guerrière ;
Et toujours au milieu de tant d'âges de sang
Opposait aux tyrans un effort renaissant.
Je t'en prends pour exemple, infortuné *Wallace,*
Patriote, héros, et chef bouillant d'audace,
Qui fus de tes hauts faits si mal récompensé ?
Que voulait-on ? défendre un état menacé,
Le conserver intact. Hélas ! vaine espérance !
C'est de là qu'irrités dans leur impatience
De la limite injuste où l'on les restreignit,
Emportés par la gloire, aucun d'eux ne craignit
D'aller verser au loin son sang sur chaque terre,

(1) Rivière.
(2) Ruisseau. (*Notes du traducteur.*)

Toujours la disputant d'une ardeur téméraire.
C'est ainsi que partout leur génie a plané,
Que leur gloire trompée elle-même a donné
Plus de gloire au pays. Tout comme éblouissante
Dégageant de leur nord sa face rayonnante,
L'aurore boréale à flots précipités
Épanche sur l'Europe un torrent de clartés.

Ah ! n'est-il pas quelqu'un, patriote, que tente
Cette gloire plus pure, encor plus éclatante
De rendre fortunés dans l'immense avenir
Tant d'êtres qui plus tard naîtraient pour le bénir ?
Quelque âme généreuse et dont la voix chérie
Console d'un seul mot, relève l'industrie?
Au pauvre laboureur donne par sa leçon
Le moyen d'obtenir une double moisson?
Enseigne à cette main qui cultive la terre
Quelles sont les douceurs d'un travail salutaire;
De quel art on se sert et de quel instrument
Pour préparer le drap utile au vêtement;
Par quel mystérieux et rare privilége
On acquiert un linon aussi blanc que la neige;
Comment avec la rame on triomphe des flots,
Loin de rester plongé dans un lâche repos,
En spectateurs oisifs, tandis que les Bataves
Paraissent sur nos bords qu'ils ont rendus esclaves,
Viennent nous dépouiller des trésors poissonneux
Qui barrent nos détroits de leur amas nombreux ?
Comment naît le commerce à tout donnant la vie;
Comment de chaque port ouvert par le génie
On lance en liberté parmi les vastes mers
De leurs mobiles bras entourant l'univers,
La voile respectée ; à la Grande-Bretagne,
Deux sœurs que même nom, même cœur accompagne,
Comment on doit régner sur l'humide élément?

De ces héros plus d'un existe assurément ;
L'œil arrêté sur toi, ton pays te désire,
Son espoir, toi qu'il aime et surtout qu'il admire.
Argyle, toi le sang de ses premiers héros !
Oui, la patrie oublie à ton aspect ses maux ;
Mère tendre, elle voit dans une heureuse ivresse
Se reproduire en toi sa grâce enchanteresse,
Ses attraits, ses vertus, toutes se mélangeant,
Sa finesse d'esprit, sous un air engageant,
Sa profonde sagesse et son perçant génie,
Sa fierté qui s'armant contre la tyrannie
Ne transige jamais quand il s'agit d'honneur.
A travers les dangers son intrépide cœur,
Soit quand elle soutint une terrible guerre,
Soit à *Tenier* montrant sa valeur téméraire :
Mais des lauriers de Mars si ton front fut paré,
De ses palmes aussi la paix t'a décoré :
Car dominante autant que ta vaillante épée,
La persuasion de ta bouche échappée
Coule à flots éloquents et triomphe au sénat :
Tandis que du jeune homme en toi brille l'éclat,
Qu'à la maturité de la saison virile,
Se joint la profondeur d'une tête sénile.
De toi, *Forbes,* que dire ? en mérite puissant,
Loyal, sincère, ami tendre et compatissant,
Toi vraiment généreux, noble et grand en silence,
Ta patrie a senti ta bénigne influence
Dans ces travaux naissants dont tu donnes le plan,
Dans leur activité qui reçoit ton élan.
Rarement elle a pu, trompée en sa tendresse,
Rencontrer un ami d'une aussi rare espèce.

Mais des bois qui n'ont plus leurs ombrages flatteurs,
Voyez-vous s'étaler les bizarres couleurs ?

Leur voûte s'obscurcit et l'ombre y couvre l'ombre.
Le feuillage revêt la teinte brune et sombre,
Et de différents tons se trouve nuancé ;
Il passe d'un vert pâle au noir le plus foncé.
La muse aime à revoir ces retraites cachées,
Et soupire à l'aspect des feuilles détachées :
C'est ici que l'automne offre un dernier tableau.

Le calme entoure tout de son léger manteau,
Il monte dans l'éther qu'il rase et qu'il caresse,
L'éther illimité nous échappant sans cesse.
Immobile, en suspens, comme près de mourir,
Chaque vague de l'air a cessé de courir.
Au loin illuminé dans son cours, le nuage
Dégoutte de rosée, imbibe à son passage
L'astre éclatant du jour, et sous son voile heureux,
Dissimule sa force et tempère ses feux.
Puis il livre le monde à ses clartés paisibles.
Ah ! c'est maintenant l'heure où les mortels sensibles,
Amans de la sagesse et des plaisirs si purs,
Par la nature offerts, doivent quitter nos murs ;
Théâtre d'une foule indiscrète et profane
Qui jouit de plaisirs que la vertu condamne.
S'élever au-dessus d'êtres ignobles, nuls,
Fouler aux pieds le vice et ses grossiers calculs ;
Calmer des passions dont la fougue s'éveille,
Et seuls dans ces beaux lieux y prolonger leur veille.

Solitaire comme eux sur les jaunâtres prés
Que pensif je m'égare, ou parmi les forêts
Dont le feuillage attriste, où l'on entend à peine
Quelque oiseau hasarder une note incertaine
Charmant du bûcheron les pénibles travaux.
Pourtant l'un d'eux trahit le secret de ses maux :
Veuf, on l'entend pleurer sa fidèle compagne,

A travers le taillis résonne en la campagne
Sa plainte douloureuse. En troupes rassemblés
Grives, merles, pinsons, tous les chantres ailés
Dont le gosier sans art, sur un mode rustique
Animait les échos de sa douce musique,
Maintenant dépourvus de sons mélodieux
Reposent engourdis sur l'arbre froid comme eux.
Leur plumage a perdu sa couleur si brillante :
Leur voix est devenue et rauque et discordante.
Que du moins du chasseur le fusil inhumain
Ne nous ravisse pas les chants de l'an prochain!
Ah! qu'il n'immole pas une race innocente
Qui doit avoir le droit d'être un peu confiante :
Qu'un meurtre n'aille pas confondre à chaque instant
Ces êtres que par terre il voit se débattant!

L'année à son déclin, quoiqu'elle plaise encore,
Inspire des regrets sur sa fin qu'on déplore.
Enlevée au bosquet qui commence à pâlir,
La feuille incessamment tombe et fait tressaillir
Par son bruit sourd, celui qui dans la solitude
Se livre sous l'ombrage aux charmes de l'étude.
Fugitive, elle va de tous côtés roulant,
Et figure dans l'air des cercles en volant :
Mais parmi les rameaux qu'une brise plus forte
Vienne à gémir, au gré du souffle qui l'emporte,
Court inonder le sol un déluge feuillu :
Tant que de la forêt le dôme chevelu
Entrelacé, pressé par des torrens de pluie,
A chaque coup de vent qu'au hasard il essuie,
Lance au loin ses débris en un long sifflement.
La verdure des champs, précieux vêtement,
A disparu : les fleurs ont dépouillé leur robe;
Et dans son lit chacune aux autans se dérobe.

L'arbre même à présent est forcé de céder
Jusqu'aux fruits les moins mûrs qu'il parvint à garder ;
Et des bois désolés, des vergers, de la plaine
La perspective éveille un sentiment de peine.

A son charme si doux venant nous rappeler
Dans chaque brise naît et va se révéler
Le pouvoir enchanteur de la mélancolie.
Aux larmes dont soudain sa paupière est remplie,
A sa joue enflammée, à son air abattu,
A ses traits attendris, à son cœur combattu
Qui, contre les assauts auxquels il est en butte,
Fait toujours prévaloir sa vertueuse lutte ;
Qui peut la méconnaître ? elle embrase le cœur ;
L'imagination s'exalte à sa chaleur,
Elle allume en notre âme un foyer de tendresse
Et remplit notre sein d'une céleste ivresse.
Nous laissons loin de nous le terrestre séjour,
Mille pensers alors se produisent au jour ;
Tels que l'on n'en voit pas dans un vulgaire rêve,
Se pressent pas à pas, se succèdent sans trêve,
Et leur docile essaim à l'appel attentif
Apparaît aussitôt à l'esprit inventif :
Mais avec ces pensers accourent se confondre
Toutes les passions faites pour y répondre,
Différentes comme eux, s'exaltant aussi fort :
La dévotion pure, allant jusqu'au transport ;
L'amour de la nature, autant qu'il peut s'étendre,
Et pour l'homme surtout une affection tendre ;
L'ambitieux souhait de faire des heureux ;
Le désir d'arracher à ses besoins affreux
Le mérite ignoré qui cache sa misère ;
Le hardi mouvement d'une âme libre et fière
Opposant son mépris à l'orgueil des tyrans ;
La fermeté parmi les périls les plus grands ;

Cette admiration consacrant la mémoire
Du patriote pur qui mourut pour la gloire,
Et l'inspire à travers les âges reculés;
Ces généreux instincts dont nos cœurs sont gonflés,
Qui veulent la vertu, veulent la renommée;
Le sympathique amour dans une chaîne aimée;
L'amitié de nos maux baume consolateur,
Et tous les sentiments nobles enfants du cœur.

Oh! qu'on m'emporte donc sous de vastes ombrages,
Vers de mystérieux et solennels bocages
Desquels le dôme admet à peine un demi jour;
Aux vallons des esprits, fantastique séjour;
Au sein des grottes, lieux rêveurs, mélancoliques,
En ces antres secrets, que l'on dit prophétiques;
Où d'anges la figure, à l'œil épouvanté,
Glisse, ou semble glisser parmi l'obscurité,
Et d'insolites voix résonnant dans le vide
Viennent frapper l'oreille enthousiaste, avide!

Si c'est trop exiger dans mes vœux exaltés,
Je vous implore, ô vous, douces divinités,
Gardiennes des jardins et des lieux de plaisance
Que l'Angleterre voit en si grande abondance
Orner son riche sol! daignez guider mes pas
Au paradis de Stowe (1) à ces lieux pleins d'appas,
Coupés par chaque allée en grandeur infinie.
Non, le persan Cyrys, au bord de l'Ionie
Ne contempla jamais d'aussi riants tableaux;
Tel art inépuisable en prodiges nouveaux,
Qu'il dérobe au génie, et tel ardent génie
Si bien réglé par l'art, double puissance unie!
Au point que de lutter tout près de se lasser

---

(1) Le château du lord vicomte Cobham. (*Note du traducteur.*)

La nature a grand peur de se voir surpasser.
Orgueil de ton pays, à la première aurore,
O noble *Pitt,* c'est toi qu'à cette heure j'implore :
Permets-moi de m'asseoir sous tes berceaux ombreux.
Que je pénètre aussi dans ce temple fameux (1)
Où ton nom qui d'avance est promis à la gloire
Plus tard sera gravé par les mains de l'histoire.
Lorsque je vois encore, attentif à ta voix,
L'automne me sourire en jaunissant les bois ;
Pendant que des jardins faisant le tour ensemble,
Nous goûtons les beautés que ce séjour rassemble,
Et qu'il offre à mon œil son désordre réglé,
L'imagination tout à coup a volé,
Et m'emporte en idée aux bosquets de l'Attique ;
De régler sur le tien son goût, elle se pique,
Aux tons de la nature assortit son pinceau.
Puis d'ombrages pareils délaisse le tableau ;
S'élève en son essor à la nature humaine.
Veut-elle combiner une tragique scène ?
On la voit, grâce à toi, par un art enchanteur
Marquer les mouvements si variés du cœur,
À chaque caractère assigner son langage,
Des passions surtout offrir la vive image.
Grand homme, de ma muse anime les efforts,
Par ta mâle éloquence objet de nos transports,
Qui charme, persuade, enlève l'auditoire ;
Parole dont le feu t'assure la victoire,
Et subjugué par toi te livre le sénat ;
Quand ton zèle indigné tonne avec tant d'éclat
Sur la corruption qui partout l'environne,
Et que tu fais si bien chanceler sur son trône.
Parmi ces entretiens, tandis que nous foulons

(1) Le temple de la Vertu dans les jardins de Stowe. (*Note du traducteur.*)

Ton aimable Elysée et ses riants vallons,
Un soupir cependant échappe à ma poitrine.
Une idée, ô *Cobham,* me peine et me chagrine ;
O pitié de songer qu'en un oubli honteux
On te laisse aligner des arbres en ces lieux ,
Plutôt que réunir en escadrons formée,
En bataillons nombreux une vaillante armée :
Quand le faible ennemi de tout le genre humain,
Le Français qui paraît les armes à la main,
Réveille chaque peuple et l'appelle à la guerre,
Et que pour refréner son ardeur téméraire
Et contraindre à rester au fond de leur pays
Ces esclaves hautains, ces ravisseurs polis (1) ;
Notre belle jeunesse, en son impatience ,
N'attend plus désormais que ta rare prudence,
Ton ardeur réfléchie et ton habileté.

Vers l'occident, le char du soleil trop hâté
A raccourci le jour et l'humide soirée,
Qui perce et qui descend de la voûte azurée ;
Incessamment progresse, et ses voiles trompeurs
Conduisent sur la terre un amas de vapeurs.
A la face des eaux à regret suintantes,
Des marais croupissants, des rivières courantes
S'attachent les brouillards ; ils nagent tout le long
De la plaine obscurcie et du sombre vallon.
La lune dans son plein, en dehors du nuage,
Pourtant à l'orient découvre son visage.

---

(1) Il est triste de voir ces attaques passionnées se reproduire chez la plupart des auteurs anglais. Elles ne sont propres qu'à entretenir des sentiments de haine chez deux grandes nations faites pour s'estimer. Les écrivains français ont du moins le mérite d'avoir rarement donné l'exemple de ces sorties violentes et si déplacées que nous avons peut-être eu tort de conserver dans notre version, au surplus littérale : *Those spolished robbers, those ambitions slaves.*

Tourné vers le soleil, son disque tacheté
Où des monts s'élevant, montrent leur majesté,
Où de riants vallons développent leur pente,
Où des antres profonds inspirent l'épouvante
Comme du télescope armé l'œil peut le voir;
Petite terre enfin, pour mieux le concevoir;
Nous donne la clarté, mais de feux dénuée
Du monarque du jour à travers la nuée
Qui passe dans les airs, habile à se glisser,
Tantôt la lune semble en son cours s'abaisser;
Sublime, dans l'azur tantôt elle remonte.
Des rayons qu'elle lance en sa course si prompte
Le déluge au loin flotte, ils courent échangés
Des monts aériens aux vallons ombragés,
Pendant que les rochers, les frémissantes ondes
Répètent dans leur sein des clartés vagabondes;
L'air qui blanchit, frappé de ce flot vacillant,
D'un éclat argenté peint l'univers brillant.

De la lune, pourtant, quand l'éclat qui s'efface,
Aux étoiles permet de briller à sa place,
Et montrer leur splendeur dans les plaines des cieux;
Quand, presqu'éteint, son ombre apparaît à nos yeux
Et verse une lueur maladive et blanchâtre.,
Illuminant les cieux d'une flamme rougeâtre.
Maint météore arrive, envoyé par le nord.
D'abord dans l'air moyen les porte leur essor:
Ils convergent ensemble au haut de l'empyrée;
Puis ils glissent vers nous de la voûte azurée,
Aussi promptement l'œil les voit y remonter.
A chaque instant leurs corps accourent se heurter.
Dans la bizarre lutte, ils se croisent, se mêlent:
Ils épuisent leurs feux, soudain les renouvellent:
D'un torrent de clartés l'éther est inondé.

Maintenant de terreurs chacun est obsédé,
Chez les témoins du fait, une folle panique,
De regard en regard déjà se communique.
La peur a tout grossi, tout tient du merveilleux :
Ce sont des escadrons qui, rangés dans les cieux,
Brandissent fièrement la lance flamboyante.
Sur des coursiers de feu d'une taille effrayante,
Le signal est donné : l'armée en vient aux mains.
On se mêle, on se presse, en efforts plus qu'humains,
Les différents partis disputent de vaillance ;
Et le sang que l'on voit couler en abondance
En théâtre d'horreur change les champs d'azur.
De cela l'effroi tire un parti bien plus sûr :
Tandis que se répand le bruit de ces merveilles,
D'extravagants récits remplissent les oreilles ;
De batailles, de sang, voire de tremblements
Remuant des cités jusqu'en leurs fondements,
Ou d'autres que la flamme engloutit tout entières ;
Ou bien c'est la famine, ou d'immenses rivières
Qui couvrent un pays de leurs montagnes d'eau ;
On parle de tempête ou d'horrible fléau ;
De tous les maux auxquels cette vie est sujette,
D'empires renversés, dont la chûte était prête,
Car le destin d'avance en prononça l'arrêt :
Même à leurs yeux soumise au souverain décret,
La nature chancelle et marche à sa ruine.
Voilà ce que pourtant l'ignorance imagine.
Le sage philosophe, esprit spéculatif,
Pense tout autrement : il contemple, attentif,
Le brillant phénomène ; aidé de la science,
Il s'applique à chercher ce qui donne naissance
A ces corps lumineux, règle leurs mouvements,
Et quels matériaux forment leurs éléments :
Recherche en vérités jusqu'ici peu féconde !...

14

Mais cependant la nuit, ombre immense, profonde,
S'abaisse ; enveloppés d'épaisse obscurité ,
Les vastes cieux, la terre ont perdu leur clarté ,
Et d'ordre et de beauté l'on cherche en vain la trace ,
Toute distinction à cette heure s'efface ,
L'univers est éteint, et la variété
Fait place désormais à l'uniformité.
Tel est donc ton pouvoir, ô divine lumière ,
D'animer, créer tout dans la nature entière.
En ce triste moment que je plains le destin
De celui que la nuit a surpris en chemin ;
Il avance, il s'égare au milieu des ténèbres ,
Mille pâles terreurs, mille pensers funèbres
Frappent son esprit : rien ne vient le consoler.
Point de rayon ami qu'il voie au loin trembler,
Parti de l'humble chaume ou l'altière demeure.
Peut-être impatient, préoccupé de l'heure,
Tandis qu'il se dépêche et du pied va toucher
Des racines de jonc qui le font trébucher ;
Autour de lui s'épand le feu follet bleuâtre,
Ou rassemble ses feux sur la mousse verdâtre
Et trace un raïs de flamme, éblouissant, trompeur
Leurrés par cet éclat, enfant de la vapeur,
Que sans cesse elle éteint, sans cesse elle rallume ,
Cavalier et monture , en un gouffre qui fume ,
Disparaissent ensemble engloutis à l'instant.
Sa femme, ses enfants , de jour en jour pourtant ,
Accusent son retard, la source de leurs peines ,
Et gémissent, perdus en conjectures vaines.
La nuit, en d'autres temps, de bonheur messager,
Le même météore écarte tout danger.
Assis sur le cheval, il brille à sa crinière,
Et ses utiles feux montrent la fondrière
A laquelle conduit un sentier sombre, étroit,

Ou près de la rivière, au gué le mènent droit.

La longue nuit enfin dans son cours s'est usée.
Arrive le matin, tout brillant de rosée,
Précurseur du dernier des beaux jours automnaux.
Le soleil, des brouillards jusque-là ses rivaux,
Elancé dans les cieux, a dispersé la foule,
Fondu par ses rayons, le léger glaçon coule ;
Et sur chaque rameau, chaque brin de gazon,
La rosée étincelle, épandue à foison.

Indignement volé du fruit de longues veilles,
Voyez comme ici gît le peuple des abeilles !
La ruche est enlevée : on use à cet effet
Des ombres de la nuit qui cachent tout forfait.
Le soufre est sous posé, chargé de les détruire.
Ainsi quand parcourant ses cellules de cire
Et sans souci livrée à des travaux communs,
Pour braver de l'hiver les besoins importuns,
Leur troupe forme aussi des plans de tempérance,
Joyeuse cependant de voir en abondance
Près d'elle des trésors par ses soins amassés,
La puante vapeur s'élance à flots pressés.
Le dénoûment est prompt : la race accoutumée
A respirer toujours une odeur embaumée,
Soudain asphyxiée en ses maisons de miel,
Tombe et vient expirer sous le poison cruel.
Etait-ce pour cela, tribu laborieuse,
Qu'au printemps reprenant votre tâche soigneuse,
On vous voyait pomper le suc de chaque fleur?
Que même de l'été vous braviez la chaleur?
Qu'en automne à l'écart visitant maintes plantes,
Le soleil vous perçait de ses flèches brûlantes?
Homme cruel, toujours traitée avec courroux,
La nature aura-t-elle à se plaindre de vous :

Chaque jour lui vaut-il une nouvelle offense?
Quoi ! d'un bienfait la mort est donc la récompense !
Ne valait-il pas mieux à cet utile essaim
Emprunter quelque peu de son trésor divin ,
Et puis lui ménager, pour payer votre dette,
Contre les vents d'hiver une douce retraite ;
Ou bien quand la saison nous montre ses rigueurs
Le régaler du fruit de ses propres labeurs ?
Voyez en quel état leur ville désolée,
Apparaît aux regards, maintenant dépeuplée ?
En différents quartiers, de rares habitants
Frappent la vue encor, mutilés, impotents;
Ou demi-consumés par le feu qui les mine,
Sont là pour attester de l'état la ruine.
C'est ainsi que parfois une fière cité,
Populeuse, marquant par sa célébrité ,
Et dont les monuments offrent le témoignage
De cette heureuse paix dont les arts sont l'ouvrage;
Au moment où la scène amuse son loisir ;
Ou bien quand une fête appelle le plaisir,
Ou du dieu du sommeil par hasard enchaînée,
(O Palerme, ce fut, hélas! ta destinée).
D'un tremblement de terre, en ce même moment ,
Eprouve la secousse : un sourd écartement
Des fondements l'arrache et la lance enflammée
Dans un abîme affreux de soufre et de fumée.

Tout acquiert de l'éclat : car maintenant le jour
Est plus pompeux, plus chaud, le terrestre séjour,
Les cieux sont revêtus de splendeur infinie.
Elle règne partout, quelle douce harmonie
De la brise paisible à peine soulevant
La rosée en vapeurs des plaines s'élevant.
Comme à présent les cieux sont clairs et sans nuage !

De quel bleu vif et tendre ils nous offrent l'image !
Couleur qui leur est propre, oh! comme à nos regards,
Immense de l'éther s'enfle de toutes parts
La voûte! en cet azur où domine son trône,
Versant de tous côtés l'éclat qui l'environne,
Que le soleil est gai! sous l'or de ses rayons
Combien la terre est calme! en lieu sûr des moissons
Les trésors renfermés ne craignent plus la pluie,
Ni les vents dont l'hiver déchaîne la furie.
Cette fois la campagne est ivre de bonheur,
Une franche gaîté, celle qui part du cœur,
Se peint sur chaque front et bien loin exilée,
La troupe des soucis déjà s'est envolée ;
La jeunesse exercée à de mâles travaux ,
Et qui leur doit la force, en ses bonds inégaux ,
Ne danse pas sans grâce, elle suit la nature,
Et par instinct se plie aux lois de la mesure.
La beauté du village, aux charmes demi-nus,
Jeune, vive, enjouée, aux regards ingénus,
Lance plus d'une œillade en son muet langage ,
Et lorsque du sourire elle approuve, encourage ,
Vous voyez s'animer d'une invincible ardeur
Le bruyant bâtonniste (1) et l'agile lutteur.
Le dernier âge brille, et babillant, raconte
Ses faits du temps passé dont il faut tenir compte.
C'est en commun ainsi qu'ils charment leurs moments,
Sans songer qu'ennemi de ces amusements,
L'astre brillant du jour à sa course fidèle
Doit les rendre demain à leur tâche annuelle ,

---

(1) Le jeu du bâton connu en Angleterre et dans quelques parties de la France,
notamment en Bretagne. Nous avons été forcés d'employer l'expression de bâtoniste,
populaire en France, à défaut d'un autre qui pût rendre le texte.
(*Note du traducteur.*)

Soumise au temps que rien ne saurait retenir,
Et commençant toujours pour ne jamais finir.

Ah ! sent-il son bonheur, le mortel vraiment sage,
Qui fuyant des partis la turbulente rage,
Avec quelques amis, à l'écart retiré,
Goûte aux champs les douceurs d'un repos ignoré !
S'il n'a point de palais dont la porte pompeuse,
Vomit à chaque instant une foule trompeuse,
De protégés rempants, lâches et vils flatteurs,
Abusés à leur tour par de vils protecteurs ;
D'une robe à longs plis si l'ampleur incommode
Ne lui fait pas payer de tribut à la mode,
Et s'il n'étale point en de vains ornements
Ce qui charme les fous, l'or et les diamants ;
Si la terre et les mers, flattant son vœu coupable,
D'un luxe d'aliments ne chargent pas sa table,
Et si les mets pour plaire à son goût dédaigneux
N'empruntent point à l'art un apprêt dangereux ;
S'il ne voit pas frémir dans sa coupe brillante
Des vins les plus exquis la liqueur enivrante ;
Loin d'un lit somptueux, s'il trouve le sommeil,
Et si le sombre ennui ne vient point au réveil
Ronger ses jours oisifs ; à la trompeuse joie,
Idole des mortels, s'il n'est jamais en proie,
A cette folle joie, éclatant au dehors,
Tandis qu'au fond du cœur habite le remords :
C'est qu'il n'y voit que vide, ennuis, peines, supplices.
Ah ! lui seul de la paix sait goûter les délices :
Une vie occupée et sans ambition,
Étrangère à l'erreur, à la déception,
Qu'engendre un vain espoir, et riche sans mesure
Des doux plaisirs du cœur, des dons de la nature.
Ne lui doit-il pas tout, les plantes et les fruits ?

Soit que d'un nouveau souffle échauffant nos produits,
Le printemps qui revêt sa ceinture brillante
Fasse un heureux appel à l'onde fécondante
Que distillent les cieux en limpide trésor,
Soit que l'été brûlant teigne de pourpre et d'or
La face des vergers ; soit que la pâle automne
Achève de mûrir les présents de Pomone ;
Soit que l'hiver glacé fournisse lentement
A la sève endormie, un secret aliment.
Dans cet ordre constant, qu'il voit et qu'il admire,
Il jouit à la fois de tout ce qu'il désire.
Tantôt portant ses pas dans un vallon riant,
Heureux, il suit de l'œil son troupeau mug'ssant,
Ou ses nombreux moutons hors de la bergerie :
Tantôt se dirigeant vers la fraîche prairie,
Couché sur l'herbe tendre ou le foin embaumé,
Respirant la santé dans un air parfumé,
Des traits brûlants du jour défendu par l'ombrage,
Du ruisseau qui s'enfuit, de l'abeille volage
Les murmures confus l'invitent au sommeil,
Compagnon d'un cœur pur ; ici, sans appareil
La nature a placé ses riches perspectives :
Champs et prés décorés des couleurs les plus vives,
Bois, grotte sombre, lac au miroir gracieux,
Source limpide ; ici, fille auguste des cieux,
Brille la vérité, la beauté sans souillure,
Une jeunesse mâle, active, de mœurs pure ,
Endurcie au travail, satisfaite de peu,
Et dans sa pauvreté ne formant aucun vœu,
La contemplation s'exerce ici sans cesse :
Les muses à loisir y chantent leur ivresse.

Que d'autres naviguant vers un pays lointain
A la fureur des flots s'exposent pour le gain ;

Enfermés pour longtemps dans des prisons flottantes,
Qu'ils disputent leur vie aux vagues écumantes ;
Que de torrents de sang inondant les cités,
Et par le sac enfin, comble de cruautés,
Au gré d'un faux honneur où leur orgueil aspire,
D'autres mettent leur gloire à ravager, détruire ;
Sans pitié pour la vierge et l'enfant au berceau,
Qu'ils les plongent tous deux dans le même tombeau,
Aux mères pour tout bien ne laissant que des larmes ;
Quittant le sol natal qui pour eux est sans charmes,
Poussés par l'avarice, ou pressés du besoin,
Que d'autres s'exilant, aillent chercher au loin
De nouveaux cieux ; que tel, s'il lui plaît, s'autorise
Au sein de nos cités, où la fraude est permise,
Où l'outrage est légal, de ce droit des plus forts,
Et marche à la fortune, étouffant le remords ;
Que tel autre d'un peuple imprudent et volage,
Contre l'ordre établi fasse monter la rage,
Et de ce mouvement avec art profitant,
Parvienne à le placer sous un joug révoltant ;
Que ceux qui de nos lois savent tendre le piége
Traînent un malheureux à l'antre où Thémis siége,
Pour l'égarer ensuite en ce vaste chaos,
Ce dédale d'arrêts dont s'arment ses suppôts ;
Race dure ! et ceux-là qui sous un air aimable
Cachent également un cœur impitoyable,
Courtisans au grand jour, paradant fièrement,
Qui dans l'obscurité cabalent bassement,
Se courbant à propos, toujours prêts à sourire,
Et pourtant, las du rôle où leur orgueil aspire.
Au contraire, celui qui n'est point agité
Des passions, écueil de la félicité,
Où vient heurter la foule, en une paix profonde
Entend gronder de loin les tempêtes du monde,

Eh ! qu'importent à lui des trônes renversés,
Des peuples en fureur, des états effacés ?
Peuvent-ils avoir droit à sa sollicitude ?
Il a quitté le monde ; et dans la solitude
Errant parmi les fleurs, sous l'ombrage des bois,
Partout de la nature il écoute la voix.
Curieux, il l'observe et dans chaque journée
Que ramène pour lui la marche de l'année,
Il se plaît à la suivre ; épiant tous ses pas,
Sous chaque forme, il voit, admire ses appas.
Rempli d'amour, les dons que sa main lui dispense,
Il les reçoit toujours avec reconnaissance.
Et sans demander plus. Sitôt que le printemps
Rassérène les cieux et chasse les autans,
Qu'il marque le bourgeon déjà prêt à paraître
Et féconde en secret le bouton qui veut naître,
Contemplant à ses pieds la famille des fleurs,
Son œil est ébloui de leurs vives couleurs ;
Dans leur riant éclat il n'est rien qu'il n'admire ;
De leur suave encens il n'est rien qu'il n'aspire.
Désireux dans l'été, loin des rayons du jour
Des abris où Zéphir a fixé son séjour,
Il aime à reposer sous le feuillage sombre
D'arbres pareils à ceux qui balancent leur ombre,
Sur le riant *Hémus* ou la fraîche *Tempé*.
C'est là que je le trouve à relire occupé,
Ce que dans ces beaux lieux, amante du génie,
La muse a fait entendre en vers pleins d'harmonie.
Le livre est quelquefois par lui mis à l'écart ;
Sur la plaine fertile il jette un long regard.
Plus tard, la scène change à la voix de l'automne,
Quand sur le front du bois se flétrit leur couronne,
Que leur feuille jaunit sous un tiéde soleil,
A son nouveau transport quel transport est pareil,

S'il voit les moissonneurs rangés en longue file,
Pour leur joyeuse tâche apprêter la faucille (1).
Il suit cet heureux groupe, il jouit avec lui ,
Tant son cœur sympathise avec le cœur d'autrui !
Et le rayon mourant dont la plaine se dore
Donne à ses chants rêveurs plus d'intérêt encore :
Le rude hiver lui-même a pour lui des douceurs.
Les autans déchaînés, les rapides fureurs ;
Du triste sol partout la face désolée,
Par un froid rigoureux durcie et congelée ;
Tout vient le faire alors méditer avec fruit :
Mais son ame s'exalte à l'heure de la nuit,
Lorsque le front des cieux qu'un air subtil épure
S'allume et resplendit d'une clarté plus pure.
Un livre, un ami sûr se partagent son temps
Et la sagesse ainsi règle tous ses instants.
L'imagination, cependant vagabonde,
L'entraîne dans son vol, franchit la terre et l'onde,
Et la religion qui l'entretient des cieux ,
Lui montre ce qu'il vaut, l'agrandit à ses yeux.
D'un pur patriotisme il sent brûler la flamme,
Le nom d'époux, de père aussi parle à son âme.
Ne contemple t-il pas avec émotion
Celle dont pour lui seul la vive affection ,
Dans un chaste regard se peint avec ivresse ?
Ses enfants-qui, toujours, si remplis de tendresse,
Empressés de lui plaire, attachés à ses pas,
L'amusent de leurs jeux, l'enlacent de leurs bras ?
A de pareils tableaux sera-t-il insensible ;
Il n'agit pas non plus en censeur inflexible.

---

(1) Par ce passage de Thomson , on voit que sous le ciel froid et nébuleux de l'Angleterre , la moisson se fait à l'époque où la vendange a lieu dans les pays méridionaux. (*Note du traducteur.*)

Le rire, les bons mots, la danse, les chansons,
Près de lui trouvent grâce : il a par les leçons
Que l'étude reçoit de la philosophie,
Appris que la vertu du plaisir est amie.
Telle est la pure vie, inconnue aux cités,
Et qui fuit à jamais leurs hôtes détestés ;
La nôtre lorsque l'homme en son bonheur suprême,
Avait pour compagnons les anges et Dieu même.

O nature, ô pouvoir qu'on rencontre partout,
Qui n'a point de limite et qui suffit à tout,
Permets-moi de scruter tes œuvres admirables ;
Ravis-moi vers les cieux ; des astres innombrables,
De ces globes dont l'or est semé dans l'azur
Laisse-moi contempler l'éclat brillant et pur,
Etudier leurs lois, leur marche, leurs distances,
Et franchir avec eux des espaces immenses.
Guide ma faible vue au sein profond des mers,
Que j'y puisse explorer leurs minéraux divers !
Au règne végétal que je remonte ensuite !
De celui-ci qu'après dépassant la limite,
Ma recherche s'élève aux êtres animés
Que ta puissante main semble avoir mieux formés ;
Règne encor plus complexe, et surtout à leur maître
Sublime composé, qui laisse reconnaître
Un esprit si rapide en ses conceptions,
Une âme, le jouet de mille passions ;
L'homme en un mot, de qui la curieuse étude
Est le plus doux objet de ma sollicitude ;
Sujet que l'examen ne saurait épuiser.
A la tâche pourtant que je veux m'imposer
Si je ne puis suffire ; en mes veines glacées
Si le sang paresseux m'interdit ces pensées ;
Si je dois renoncer à ce suprême honneur,

Le seul où j'aspirai, le seul fait pour mon cœur,
Auprès des clairs ruisseaux et des fraîches prairies ,
Nourrissant à l'écart mes douces rêveries ,
Sans autre ambition que je coule mes jours !
O pouvoir enchanteur, que j'adorai toujours,
Nature, de qui tout a reçu la naissance,
Et qui de tout aussi conserve l'existence ,
Qu'en terminant ce chant , je proclame ta loi,
Et que mes pas jamais ne s'éloignent de toi.

Lille. Imp. de L. Danel.

L'HIVER.

ARGUMENT. — Exposition du sujet. Dédicace au comte de Wilmington. Première approche de l'hiver. Description de différentes tempêtes qui accompagnent la marche naturelle de la saison. Pluie. Vent. Neige. Danger des neiges. Un homme périssant au milieu d'elles. De là , réflexions sur les besoins et les misères de la vie humaine. Loups descendant des Alpes et des Apennins. Description d'une soirée d'hiver ; comment elle est employée par les philosophes , par les gens de la campagne, par les habitants des villes. Gelée. Tableau de l'hiver sous la zone glaciale. Dégel ; le tout conclu par des réflexions morales sur la vie future.

Le triste hiver arrive et vient fermer l'année ;
Il vient avec sa suite horrible , déchaînée ;
Il est ceint de vapeurs , d'ouragans furieux.
Qu'il devienne mon thème ! Oh ! thème précieux !
A de graves pensers il élève mon âme ;
Et j'y puise , rêveur, une céleste flamme.
Vous ténèbres, horreurs ; vous que j'aimai toujours ,
Salut ! Combien de fois au printemps de mes jours ,
Lorsque négligemment parmi la solitude ,
A des hymnes joyeux consacrant mon étude ,
Je chantais la nature , ai-je en errant , troublé ,
Votre rude domaine , et de mes pieds foulé
La neige vierge encor , moi-même aussi pur qu'elle !
Des vents qui combattaient entendu la querelle ,
Et les torrents rouler leurs flots avec fracas !
Ou le soir , toute prête à lancer ses éclats ,
Dans un sombre nuage aperçu la tempête !
Ainsi passaient mes jours , tant que montrant la tête

15

Dans le sud , lumineux le printemps épiait
Le moment de venir , venait et souriait.

La muse de ce chant t'offre la dédicace,
Wilmington, près de toi son luth a trouvé grâce ;
De ses premiers essais , ô toi , le protecteur !
Elle a suivi l'année en son cours enchanteur :
Du doux printemps d'abord elle esquisse l'image ;
Sur les ailes de l'aigle avec plus de courage,
Ensuite tout entière à sa témérité
Elle affronta les feux que nous verse l'été ;
Puis elle dépeignit l'automne au teint plus sombre ;
Et maintenant au sein des nuages sans nombre ,
Cortége de l'hiver , des tempêtes , encor ,
Elle veut dans son vol élever son essor :
Mugir pour imiter des vents la violence ,
Au fracas des torrents assortir sa cadence ,
Et forte , enfin monter au ton de son sujet ;
Heureuse , si pouvant accomplir ce projet ,
Par de hardis récits , par de mâles pensées ,
Elle satisfaisait les oreilles sensées (1) ;
Es-tu donc seulement habile à présenter
Des plans amis du peuple et qu'il puisse goûter.
Non, grande est ta bonté , ton intégrité sûre,
Ton âme toujours ferme , inébranlable , pure ;
Dans un âge qui tend à la corruption ,
Ton esprit prompt, actif, n'a que l'ambition
De servir son pays , et sans vaine jactance
Tes diverses vertus se prêtent leur puissance,
Et de l'homme d'état le patriote aidé,
A sa lumière marche et marche mieux guidé.
Mais ces vertus qui font l'espérance publique,

(1) Judging ear. (*Note du traducteur.*)

Et tous les yeux fixés sur toi , leur centre unique ,
Avertissent la muse ; elle doit éviter,
Quelque effort que d'ailleurs cela puisse coûter ,
Un éloge plus long , et dont même l'envie
N'oserait dépouiller la gloire de ta vie.

Maintenant que des cieux l'empire possédé
Par le centaure archer (1) est par lui concédé
Au rude Capricorne, et qu'épanchant son urne,
Le farouche Verseau, du monde taciturne
Ternit la face, au bout de l'horizon couché
Le soleil moins brillant, de son disque penché,
Laisse échapper à peine un jour languissant, pâle ;
Ses rayons sans vigueur luttent par intervalle ;
Horizontalement il lance chaque trait ;
Il cherche vainement pour leur grisâtre jet
A travers l'air épais un facile passage,
Le globe lumineux , comme au sein d'un nuage
Quelque temps flotte encor en un cercle agrandi,
Il s'épuise en efforts du côté du midi ,
Et bientôt il descend. Messagère des ombres ,
La nuit à son retour jette ses voiles sombres.
Elle n'est pas sans charme , à présent que les jours
Sans lumière , douteux , accomplissent leur cours ,
Qu'ils sont vides de joie et de chaleur féconde ;
D'une noire ceinture environnant le monde
Des nuages l'amas, les humides brouillards,
Les funèbres vapeurs naissent de toutes parts ;
Des éléments jaloux enfin la turbulence
De toute chose aux yeux altère l'apparence.
Ainsi paraît l'hiver ; lourde, obscure vapeur
Si fatale aux mortels ; d'un poison destructeur

(1) Le Sagittaire. (*Note du traducteur.*)

Il traîne sur ses pas l'influence fâcheuse ;
Là, germe de nos maux la semence hideuse !
De l'homme s'éteint l'âme ; il ressent du dégoût,
L'ennui l'accable; un crêpe à ses yeux noircit tout ;
Il devient malgré lui sombre, mélancolique.
Le bétail souffre, et loin de leur guide rustique
Les troupeaux abattus , maigres, décolorés,
Cherchent dans les sillons des terrains labourés ,
A brouter quelques brins d'une herbe salutaire.
Le long du triste bois, du marais délétère,
Des tempêtes gémit l'affreux génie. Aux joints
Des rochers fracturés , aux flancs des monts disjoints,
Du ruisseau qui murmure , et de l'antre sauvage
Les plaintes n'en font qu'une et d'un sombre présage
Viennent frapper longtemps l'imagination
Qui recueille ces bruits avec émotion.

L'arbitre souverain, père de la tempête
Paraît , d'une nuée il entoure sa tête ,
La pluie obéissante échappe aux longs replis
Des nuages épais par la vapeur salis ,
Rejaillit en tombant sur le front des montagnes ;
Elle se précipite à travers les campagnes ,
Fait ondoyer des bois l'ombrage murmurant.
La pleine désolée est changée en torrent ;
Car l'amas nuageux à flots déverse l'onde ,
S'abaisse vers la terre , et son urne féconde
Bien loin de s'épuiser , incessamment s'emplit.
Il obscurcit les airs dont la face pâlit.
La nuit chasse le jour et vient prendre sa place.
Les oiseaux qui volaient égarés dans l'espace
Au sein de leur abri se hâtent de rentrer.
Toutefois , il n'est pas rare de rencontrer
Ceux qui ne craignent pas l'état de l'atmosphère

Et des vents irrités affrontent la colère:
De ce moment critique heureux de profiter
Tout autour d'un étang on les voit voleter (1).
De ces prés qui jadis lui servaient de pâture
Dédaignant de tirer sa maigre nourriture
Le gros bétail revient, il revient quoiqu'à jeun ,
Et d'un mugissement fréquemment importun ,
Mais toujours expressif , réclame son étable :
Ou bien rumine auprès sous l'ombre secourable.
Non loin , le peuple ailé , compagnon du bétail
Se rassemble ; le coq avec tout son sérail ,
Tristes et secouant l'eau dont leur corps dégoutte.
Tandis que très fécond en gais récits qu'on goûte ,
Le simple paysan , habitant de ce lieu ,
Occupe l'auditoire , et penché sur son feu
Dont la flamme joyeuse éclaire la chaumière
Babille , tour à tour rit, change de matière ,
Bravant le vent qui souffle et dans plus d'un endroit
Fait crier sous ses coups son humble et chétif toit.

Du tribut des torrents dans sa marche gonflée ,
De ses digues traînant la ruine mêlée ,
La rivière emportée au loin roule ses eaux ;
Plus orgueilleuse encor de ses trésors nouveaux ,
Terrible , elle descend du sein de la montagne
Et rugissante , court à travers la campagne ,
Elle franchit les rocs , la mousse des déserts ,
Et d'un bruit effroyable épouvante les airs ,
Partout impétueuse et partout menaçante ;
Jusqu'à ce que son onde enfin plus innocente
Au sablonneux vallon qui vient la recevoir
Présente maintenant un tranquille miroir ,

---

(1) Les canards. (*Note du traducteur.*)

Et s'écoule en silence : en attendant qu'étreinte
Entre deux monts, par eux la rivière contrainte
S'ouvre une étroite voie et rencontre à propos
Des rochers et des bois qui dominent ses flots ;
D'une triple vigueur elle arme alors son onde,
S'élance au même instant et rapide et profonde ;
Elle écume, bondit et tonne avec fureur.

Nature, mère auguste, ô toi dont la faveur
En cercle devant nous dans leur marche ordonnée,
Déroule les saisons, ceinture de l'année,
Quelle force hardie et quelle majesté
Dans tes œuvres, cachet de ton autorité !
Quel agréable effroi notre âme en elles puise !
Surprise, elle contemple et chante sa surprise.
Vous vents, qui maintenant commencez à souffler
Balayant tout, ma voix a besoin de s'enfler
Pour atteindre à la vôtre : êtres pleins de puissance,
De vos munitions où donc est l'abondance?
Où sont vos arsenaux ; où veille, dites-moi,
La tempête qui couve attendant votre voix ?
Dans quelle région lointaine, solitaire,
Sommeillez-vous aux cieux quand vous quittez la terre,
Et que sur l'univers le calme s'est assis.

Quand le soleil descend des cieux plus obscurcis
Sur son orbe les yeux découvrent mainte tache,
Incertaines d'abord, et bientôt il se cache
Sous des bandes de rouge autour de lui naissant.
Les nuages troublés par un effroi croissant,
Dans une marche oblique et néanmoins plus libre,
Paraissent chanceler, perdre leur équilibre,
Et chercher à quel maître ils doivent obéir.
De l'est pâle et plombé disposée à surgir,

La lune à son croissant dont l'aspect se déforme
Porte un cercle blafard qui déguise sa forme.
Parmi l'air fluctueux et maintenant confus
Les astres indécis lancent des rais obtus,
Ou bien tracent dans l'ombre un court sillon d'albâtre,
Et traînent derrière eux cette clarté blanchâtre ;
La feuille sèche joue en cercles vagabonds,
Et flottant sur l'eau la plume fait des bonds.
De ses pressentiments la génisse inquiète,
D'avance dans la brise aspire la tempête.
La matrone fidèle à sa tâche du soir
Près de sa quenouillée, elle-même peut voir
Sur sa lampe épuisant l'éclat dont elle brille,
L'huile qui s'épaissit, la flamme qui pétille,
Présage non douteux ; mais les êtres formés
Pour habiter les airs, ces hôtes emplumés,
Prophétisent bien mieux ; abandonnant la plaine
Où pendant tout le jour ils n'ont trouvé qu'à peine
Un modique repas, des bataillons nombreux
De corbeaux croassants obscurcissent les cieux.
Fatigués de leur vol, pourtant avec courage
Ils cherchent un abri sous le prochain bocage.
Le hibou solitaire en son trou se cachant
Répète de nouveau son lamentable chant.
Parti du sein des mers, le cormoran s'élève,
Il crie, et toujours plane au dessus de la grève.
Conjurant un danger pourtant lointain encor,
En jetant ses clameurs le héron prend l'essor,
Et les oiseaux de mer, précurseurs des orages
Tournoyant dans les airs, traversent les nuages ;
L'océan moins égal, sur un côté penché
Et qui sent se briser son courant empêché,
Par la secousse monte, il échappe à la rive
Qu'en cavernes creusa la vague plus active ;

De la forêt qui bruit et va frapper du son
Les hauteurs , une voix solennelle en son ton
Dit de se préparer et d'attendre en silence.
La tempête soudain fond avec violence
Et lance sur la terre en rapides torrents
Les vents dans l'atmosphère en ce moment errants.
Calme, la mer subit cette force éthérée ,
Et sa face aussitôt pâlit , décolorée ,
Veuve de son azur , les flots des vents fouettés ,
Jusqu'au fond de leur lit bondissent culbutés.
Parmi la noire nuit qui sur les ondes siége ,
En butte à l'ouragan dont la fureur l'assiége ,
Dans sa lutte , la mer ne cesse d'écumer ,
Monte sur chaque lame et semble s'enflammer.
Cependant jusqu'au ciel en montagnes affreuses
S'enflent avec fracas mille vagues houleuses.
Lame sur chaque lame , en leur rugissement
Se brisent en désordre, et forcent fréquemment
Par un terrible choc les vaisseaux à l'ancrage
Que brusquement on voit délaissant leur mouillage
Sur les ondes courir avec célérité ;
Tel sur la haute mer Borée est emporté ;
De la vague tantôt ils franchissent la cime,
Et tantôt avec elle enfoncent dans l'abîme ;
L'orageuse Baltique au-dessus d'eux tonnant.
Trompent-ils néanmoins le péril imminent ;
Au souffle qui les chasse et devient leur ressource
Leur vitesse renaît ; ils poursuivent leur course,
Bien loin sur une côte heureux de relâcher,
A moins que quelque roc ne vienne les toucher,
Que quelque écueil caché par la vague inconstante
Ne disperse en débris leur carcasse flottante.

Sur la terre non moins dans ses efforts jaloux

La tourmente sévit : le mont tonne en courroux.
Ses robustes enfants inclinent leur branchage
Jusqu'au pied de ces rocs que couvre leur ombrage.
Gravissant les hauteurs, seul, dans la nuit, troublé
Le voyageur culbute, il poursuit, essoufflé,
Marche contre le vent qui toujours le repousse.
La forêt qui n'a plus sa parure si douce
Perd ses derniers trésors par les vents fracassés,
Des arbres les plus forts les rameaux dispersés,
De membres de géant étalent l'apparence.
Après avoir ainsi déployé sa vengeance
La tempête s'écarte et maîtresse des airs
Va ravager la plaine et les lieux découverts ;
Harcèle également, de ruines avide,
La chaumière du pauvre et le palais splendide ;
Les ébranle tous deux jusqu'en leurs fondements.
Le sommeil fuit et cède à ces longs tremblements.
Au dôme qu'il remue en sa rapide rage
Le vent obstiné hurle et demande un passage ;
On dit qu'en ce moment, au sein des airs émus,
De sourds gémissements parfois sont entendus ;
Des cris ou des soupirs à certaine distance
Du démon de la nuit, selon toute croyance ;
C'est la voix qui prédit en révélant leur sort
A des infortunés le malheur ou la mort.

Tout n'est plus que tumulte, effroyables désastres,
Les nuages confus courent avec les astres ;
Et la nature enfin chancelle, est aux abois ;
Mais l'arbitre puissant qui lui dicte ses lois,
Celui qui fréquemment, quand mugit la tempête
Sans la craindre en son sein aime à poser sa tête,
Qui sur l'aile des vents, armé de majesté
Voyage impertubable en sa sérénité,

A commandé le calme, et soudain l'air, la terre
Et la mer à la fois sont forcés de se taire.

Minuit couvre les cieux : les nuages lassés
En solides vapeurs se mêlent condensés,
Lents à se rencontrer. A cette heure où le monde
Esclave du repos que le calme seconde,
Gît, assoupi, perdu dans les bras du sommeil,
A de graves pensers ici donnons l'éveil !
Oh ! que je m'associe à la nuit sérieuse,
Et que je fasse appel à sa compagne heureuse,
La méditation ! Exilons loin de nous
Tous les soins importuns dont le jour est jaloux,
Et secouons des sens l'impression grossière !

Vanités de la vie, ô troupe mensongère !
Plaisirs qui ramenant en cercle votre cours,
Nous séduisez sans cesse et nous trompez toujours,
Qu'êtes-vous devenus ? et qu'offrez-vous en compte ?
Le désappointement, le remords et la honte.
Triste, amère pensée, et l'homme cependant
Qui voit s'évanouir son rêve décevant
Désabusé, mais plein d'un désir qui s'irrite
En aveugle s'adonne à la même poursuite !

Du jour et de la vie, ô père souverain,
O toi, le bien suprême, enseigne-moi le bien !
Ecarte de mes pas la folie ou le vice ;
Qu'aucun désir honteux jamais ne m'avilisse :
Nourris-moi de savoir ; à la secrète paix
Ajoute la vertu dont l'âme se repaît ;
Présents purs et sacrés, félicité réelle
Et dont rien ne flétrit la couronne immortelle !

Mais de l'est qui pâlit ou du nord rigoureux
Des nuages fumeux s'avancent dans les cieux ;
Épais, de couleur sombre, ils montent sur nos têtes,
Devenus le signal de bien d'autres tempêtes.
Leur sein, leurs vastes flancs contiennent rassemblé
Un vaporeux déluge (1) en neige congelé.
Ils sont gros de flocons semblables à la laine,
Leur troupe se condense et la céleste plaine
S'attriste à cet aspect. Vague, très fine encor,
Descend la blanche pluie. Elle prend son essor
Au travers de l'air calme. A la fin plus épaisse
En flocons abondants, larges, elle s'abaisse
Et tombe plus pressée ; elle offusque le jour ;
Son flux est continu. Tous les champs alentour
Portent un vêtement de blancheur éclatante.
Tout brille, sauf aux lieux où la neige tombante
Fond le long du courant ; à la face des bois
L'amas neigeux s'imprime ; ils cèdent à son poids.
Avant que le soleil achevant sa carrière
De l'ouest au soir épanche une faible lumière,
La figure du sol en son aspect nouveau,
Éblouissant désert, se couvre d'un manteau
Qui dérobe aux regards les ouvrages de l'homme.
Le bœuf, bon serviteur, travailleur économe,
S'abat, chargé de neige, et de ses longs travaux
Sollicite le fruit ; en bandes, les oiseaux
Rendus plus familiers par la saison cruelle,
Près du tas des vanneurs vont faire sentinelle ;
Avec empressement ils viennent demander
La mince part que Dieu voulut leur accorder.
A la famille cher comme aux dieux domestiques,
Un seul, le rouge-gorge, en ses sages pratiques

***

(1) Vapoury, déluge. (*Note du traducteur.*)

Prévoyant, dans les champs et les tristes buissons
Laisse gémir de froid ses pauvres compagnons,
Et tous les ans il fait à l'homme sa visite.
D'abord contre la vitre il s'abat, il hésite,
Puis entre, moins timide, approche du foyer,
Sur le plancher bientôt se met à sautiller ;
Du coin de l'œil après observe la famille
Qui rit de son manége ; avide, il happe, pille
Quelque miette, tressaille et se montre surpris
En contemplant les murs de son nouveau logis.
Enfin apprivoisé, devenu plus aimable
Il vole et vient briguer les miettes sur la table.
Les champs qui n'offrent plus de trésors sustentants
Repoussent de leur sein leurs maigres habitants.
Le lièvre si craintif, que tant de fois assiége
Un trépas varié, soit au moyen du piége,
Ou des chiens, ou de l'homme encore plus cruel,
Pressé par le besoin, à son sévère appel
Qui triomphe de tout et bannit toute crainte,
Recherche les jardins pour en franchir l'enceinte.
Au ciel la gent bêlante élève souvent l'œil,
Et le baisse, du sol contemple le linceul,
Muette, au désespoir, puis sombre, se disperse,
Et creuse obstinément la neige qu'elle perce.

Pour elle maintenant, bergers, soyez humains,
De l'hiver courroucé rendez les efforts vains.
Donnez à vos troupeaux de bonne nourriture,
Et qu'à l'abri des vents, une forte clôture
Les protége. Sur eux veillez assidûment,
Car dans cette saison élancé brusquement
Des cavernes où l'est trop souvent le recèle,
Un tourbillon puissant emporte sur son aile
Comme par un signal, le blanc fardeau que l'air

Avait accumulé sur le corps de l'hiver ;
Sur les moutons cachés au creux de deux collines
La tempête alors fond couvre tout de ruines ;
A tel point qu'exhaussée et transformée en mont
Jusqu'au ciel la vallée ose porter le front
Qui brille et montre au loin sa couronne d'albâtre.

Lorsque les champs ainsi deviennent le théâtre
De neiges en monceaux , lorsque farouche et dur
L'hiver au sein des airs jette son crêpe obscur ,
Le berger dans ses prés où se porte sa vue ,
Troublé, déconcerté, chemine ; dans la nue
Il aperçoit des monts formés nouvellement
Qui sont pour lui l'objet d'un long étonnement.
De plus tristes tableaux viennent prendre leur place
Sur la plaine où de pas il cherche en vain la trace ,
La rivière, le bois, jadis si bien connus,
Il les cherche des yeux , il ne les trouve plus.
De colline en vallon il se guide avec peine ,
Il égare toujours sa démarche incertaine.
Dans la neige il enfonce, et s'obstine excité
Par le désir ardent du toit qu'il a quitté,
Ce désir le tourmente , il fait bouillir ses veines,
Mais sa vigueur s'épuise en tentatives vaines.
Que son âme est navrée ! Oh ! de quel désespoir
Son cœur est-il saisi , lorsque bien loin de voir
Selon ses plus doux vœux sa cabane apparaître ,
La triste vérité lui laisse reconnaître
Un sol aride , inculte , un sauvage terrain
Sans limite , éloigné de tout séjour humain !
Et cependant la nuit enveloppe le monde :
La tempête qui hurle et sur sa tête gronde
De ce désert étrange augmente encor l'horreur.
Mille images alors viennent glacer son cœur :

Ou de fosse profonde et que rien ne découvre ;
Ou d'un abîme affreux qui sous ses pieds s'entr'ouvre ;
De quelques cavités qui ne sauraient geler ;
De gouffres dont l'aspect ne peut se déceler,
Dont souvent la neige aime à déguiser la face.
Sait-il foulant du sol la trompeuse surface,
Si le dessous est terre ou de l'eau s'élançant
D'une source qui bout et sort en jaillissant
Soit d'un marais secret, soit d'un lac solitaire ?
Son cœur tressaille, il craint de percer ce mystère,
Il tremble d'avancer, chancelle, et sur la neige enfin
Il est tombé sans force et voit déjà sa fin.
De la mort si l'idée elle-même est pénible,
Ah ! combien elle doit lui paraître terrible,
Quand il se représente, en face du trépas,
Sa femme, ses enfants qu'il ne reverra pas !
C'est maintenant en vain qu'une épouse attentive
D'un feu brillant, pour lui hâte la flamme active,
Et dans ses tendres soins tient prêt pour son retour
Un vêtement bien chaud ; c'est en vain qu'à leur tour,
Ses enfants inquiets, au sein de la chaumière
Dans leurs pleurs innocents redemandent leur père.
Il ne reverra plus le foyer protecteur.
Tombé sous le pouvoir de l'hiver destructeur,
Le tyran s'en saisit, dans ses veines pénètre,
Éteint le sentiment et glace tout son être ;
Sur la neige l'étend par un dernier effort,
Cadavre blanchissant sous le souffle du nord.

Ah ! le monde si fier de sa folle licence,
Que bercent les plaisirs, le pouvoir, l'opulence,
Au sein des voluptés mollement ballotté,
Et fréquemment cruel dans sa légèrcté ;
Ce monde qui s'agite avec étourderie,

Qui ne voit sur ses pas que scènes de féerie,
Songe-t-il enivré de vains amusements,
Qu'à tant de malheureux en ces mêmes moments
Ou la mort vient s'offrir ou la vive souffrance?
Oh! combien dans les flots laissent leur existence;
Oh! combien dans le feu, par autrui déchiré,
Oh! de combien d'entr'eux le cœur saigne navré;
Supplice par lequel les hommes se punissent!
Combien dans le besoin! sans air combien languissent
Privés dans un cachot de cette activité
Dont la nature a fait une nécessité!
De la douleur combien boivent la coupe amère,
Ou dévorent le pain si dur de la misère!
Percés des vents du nord, compagnons de l'hiver,
Combien épuisent-ils l'inclémence de l'air,
Transis et grelottant dans leur pauvre cabane!
Et maintenant combien que leur orgueil condamne
Qui dans une autre sphère, aux passions livrés,
De crimes, de remords s'agitent dévorés;
Puis se précipitant des hauteurs de la vie,
Fournissent ces sujets qu'aime la tragédie!
Même dans le vallon qu'ont choisi pour séjour
La sagesse, la paix, qu'habitent à leur tour
La méditation et l'amitié discrète,
N'en est-il pas beaucoup qu'un sentiment honnête
Fait gémir à l'écart et dévoue au malheur?
Auprès du lit de mort de l'ami de leur cœur,
Combien n'en voit-on pas accroître encor leur peine
En lisant sur son front une fin trop prochaine!
Ah! si l'homme à ces maux pouvait jamais songer,
A ceux qui chaque jour viennent nous assiéger,
Et qui font de la vie un combat, une arène,
De deuil et de douleur une pénible scène,
Désormais il verrait les choses d'un autre œil.

Le vice haut placé qu'aveugle son orgueil ,
Tout près de parcourir sa honteuse carrière
S'effraierait ; l'étourdi retournant en arrière
Apprendrait à penser ; l'ardente charité
Échaufferait le cœur , il serait dilaté
Par l'indulgence douce , inépuisable , active ;
Une émotion douce et communicative
Arracherait des pleurs , des soupirs de pitié ,
Dans les douleurs d'autrui nous mettrait de moitié ;
Nos passions toujours s'épurant davantage ,
De la perfection reproduiraient l'image.

Puis-je oublier ici la généreuse main (1)
De celui qui touché d'un sentiment humain ,
En d'horribles cachots dignes qu'on les maudisse ,
Se plut à pénétrer pour y faire justice ?
C'est là que sans secours la misère gémit ,
Qu'accablé de douleurs le malade languit ;
Là que la fin harcèle et la soif importune ;
Et que comme le vice on flétrit l'infortune.
Quoi, de petits tyrans , armés d'iniquité ,
Dominant sur ce sol , terre de liberté ,
Où dans chaque assemblée elle frappe la vue ,
Brille en chaque maison , circule en chaque rue ,
D'une bouche affamée ôteront l'aliment ,
La privant de haillons , unique vêtement ,
Aux rigueurs de l'hiver livreront la misère !
Que dis-je ? le sommeil qui ferme sa paupière ,
Dernier consolateur , on le lui ravira !
Quoi, le Breton né libre , on l'emprisonnera ,
On viendra l'enchaîner. Quoi, leur rage ennemie

---

(1) Le comité des prisons en 1789. On voit ici qu'il s'agit de l'auteur lui-même. (*Note recueillie par le traducteur.*)

Le stigmatisera de marques d'infamie!
Ou bien dans les tourments au gré de leur désir
Ils feront endurer mille morts à plaisir
A ceux dont les travaux honorent la patrie,
Dont peut-être le sang plus tard l'aurait servie!
Votre dessein est grand, vous hommes d'action,
O comité, pressez son exécution!
Il demande des soins, beaucoup de patience,
Un zèle que toujours dirige la prudence.
Marchez dans cette voie, êtres compâtissants
Que les monstres légaux, fléau des innocents,
Par vous soient démasqués : que votre main saisisse,
Arrache de la leur l'arme de l'injustice!
Qu'en leur coupable espoir les cruels abusés
Ressentent à leur tour les maux qu'ils ont causés!
Ah! je le sais, beaucoup vous reste encore à faire.
L'œil du pur patriote et sa raison austère,
Voilà ce que requiert un âge corrompu!
Qu'il serait beau le jour où l'on verrait rompu
Le filet de Thémis (que la malice avide
Tend pour prendre le vrai dans un piége perfide :
Justice transformée en un trafic adroit)
Où chaque homme pourrait se fier à son droit.

Poussés par la famine et lancés à la hâte
Des Alpes dont la cime aux feux du jour éclate,
Des sommets ondoyants des sombres Apennins,
Et des rocs variés des monts Pyrénéens,
Démesurés géants à travers l'étendue,
De leur taille imposante épouvantant la vue,
Ainsi que le trépas cruels et dévorants
Tout autant que la tombe, en bataillons errants
Les sanguinaires loups dans les plaines descendent
Monstrueux, menaçants. Partout ils se répandent,

Partout donnent la mort. Tel Borée emporté
Sur l'éclatante neige avec vélocité
Fond en son vol ardent ; de tout ils font leur proie ,
Ils cernent le cheval qu'ils trouvent sur leur voie,
L'attaquent, par le nombre accablent sa vigueur,
Le terrassent bientôt et lui percent le cœur.
Les cornes du taureau ne sauraient le défendre ,
De ses fiers agresseurs il ne peut se déprendre.
Voraces, élancés jusqu'au sein maternel ,
Mesurant le carnage à leur instinct cruel ,
Ils viennent se saisir de l'enfant qu'il allaite ,
Ils dédaignent ses pleurs , les cris perçants qu'il jette.
Les traits que sur son front Dieu se plût à graver ,
Image du Très Haut , rien ne peut le sauver.
Et jusqu'à la beauté dont la vive puissance,
Du lion , d'un regard enchaîne la vengeance ,
Tout sans distinction déjà gît immolé.
Si du ravage enfin le bruit a circulé ,
Et si dans la campagne on leur livre la chasse ,
La troupe fuit le coup qui par là la menace.
Larrons désappointés , attirés par l'odeur ,
Ils vont aux cimetières exercer leur fureur.
Ils déterrent les corps et parmi ces lieux sombres
Hurlent au-dessus d'eux et se mêlent aux ombres,
Aux esprits effrayés qui peuplent ce séjour.

Parmi ces régions dont le hardi pourtour
Des Grisons fortunés embrasse les vallées ,
Souvent au haut d'un pic en masse amoncelées
Des neiges brusquement s'élançant des hauteurs
Roulent avec fracas leurs monts dévastateurs.
De rocher en rocher descendant , elles tonnent;
Tout tremble , les échos dans le lointain résonnent ,
Et bétail et troupeaux , voyageurs et bergers ,

Jusqu'aux soldats en marche en butte à ces dangers ,
Jusqu'aux hameaux la nuit plongés dans le silence
Tout reste enseveli sous l'avalanche immense.

Maintenant que l'année étale ses rigueurs ,
Que l'intraitable hiver épuise ses fureurs ;
Quand toujours au-dehors les vents soufflent la glace ,
Pour retraite je veux me choisir une place.
C'est entre la forêt dont l'ombrage gémit ,
Et la rive où luttant pour sortir de leur lit
Des flots la multitude incessamment s'agite.
Abri champêtre , doux , et solitaire gîte.
Là l'éclat du flambeau , la flamme du foyer
Parmi l'obscurité , brille et vient l'égayer.
En ce paisible lieu livrons-nous à l'étude ,
Causons avec les morts selon notre habitude ,
Avec les doctes morts , sages des anciens temps ,
Comme dieux révérés , et comme eux bienfaisants ;
Dont l'inspiration et puissante et féconde
Par les armes , les arts , civilisa le monde.
Par de nobles pensers à l'instant suscité ,
Le livre que je tiens , je l'ai mis de côté.
Plongé dans une douce et sainte rêverie ,
Je salue étonné leur présence chérie ,
Les ombres devant moi se lèvent lentement.
Socrate, que d'abord je distingue aisément
Dans l'état corrompu , bon avec énergie ,
Inflexible et qui sait braver la tyrannie :
Conduit par la raison , principe calme , actif ,
Voix de Dieu qui s'adresse à l'esprit attentif ;
Soumis , il obéit à cette voix si sainte
Dans la vie ou la mort toujours exempt de crainte.
Grand maître de morale et des mortels enfin
Le plus sage, Solon, qui sut sur le terrain

D'une large équité fonder sa république,
En de prudentes lois il met sa politique,
Réforme sans rigueur un peuple vif, léger,
Qui conserve toujours sans se décourager
Le feu dont il pétille ; à sa vive lumière
Il parcourt des beaux-arts la savante carrière,
Celle qu'ouvre pour lui la fière liberté,
Et brille sans rival de sa propre beauté.
La gloire de la Grèce et de l'espèce humaine,
Lycurgue vient après. Sage, austère, il enchaîne,
Il sait discipliner toutes les passions.
Des doctrines je vois, passant aux actions,
Le chef si glorieux (1) qui meurt aux Thermopyles :
Il goûta des leçons à suivre difficiles,
Et prouva par des faits ce que l'autre enseigna.
Puis celui que du nom de Juste on désigna,
Surnom qu'un pays libre à ses vertus attache,
Il lève un front honnête et montre un cœur sans tache.
C'est Aristide, pauvre et toujours respecté,
Lui qu'on vit dédaigneux de la célébrité,
Sacrifier sa gloire au bien de sa patrie,
Et d'un rival hautain (2) enorgueillir l'envie ;
Élevé par ses soins, plus doux en son aspect,
Cimon vient. Son génie inspirant le respect,
S'est soustrait de bonne heure au joug de la débauche.
Dehors, l'orgueil Persan redoute son approche ;
Il en est le fléau ; mais retiré chez lui,
Du mérite, des arts, il se montre l'appui ;
Modeste et simple encore au sein de l'opulence,
La Grèce qui déjà touche à sa décadence
Découvre, mais pensifs, à mon triste regard

---

(1) Léonidas.
(2) Thémistocle. (*Notes du traducteur.*)

Des héros appelés à la gloire trop tard ;
Ses derniers défenseurs et plus grands que leur âge,
Timoléon à qui Corinthe rend hommage ,
D'un caractère heureux à la fois ferme et doux ,
Qui tuant le tyran dans un juste courroux,
En l'immolant versa des larmes sur son frère.
Des Thébains aux plus grands est égale la paire (1)
Et le pays reçoit de sa noble union
La douce liberté , l'empire , le renom.
Celui qui sur leurs pas à son tour va paraître ,
A son premier regard je sais le reconnaître ;
Lui par qui se fondit l'honneur Athénien ,
Ne laissant après lui qu'un indigne levain :
Le probe Phocion , homme en public sévère ,
Dans sa vertu toujours inexorable, austère ;
Mais quand sous l'humble toit qu'il savait illustrer ,
La paix et la sagesse accouraient se montrer ,
Et déridaient son front ; pour qui pouvait l'entendre ,
Point d'amitié plus douce et point d'amour plus tendre.
Et des fils de Lycurgue apparaît le dernier ,
Noble victime, ardente à se sacrifier
Pour sauver un État dans son danger extrême ,
Et sans succès ; Agis, qui vit Sparte elle-même ,
Avare , succomber par ce vice honteux.
Les héros Achéens viennent enfin tous deux :
Aratus quelque temps ranimant dans la Grèce
Ce feu de liberté qui languissait sans cesse ;
Cet autre chéri d'elle et son dernier espoir ,
Philopémen , lui qui désormais sans pouvoir
Contre un luxe effréné , dont on aimait les charmes,
Sut le faire servir à la gloire des armes.

---

(1) Pelopidas et Epaminondas. (*Note du traducteur.*)

Il conduisait sa ferme en simple laboureur
Ou dans les champs de Mars inspirait la terreur;
Toujours prêt à montrer son utile vaillance.

Sous de plus rudes traits, emblême de puissance
En des temps vertueux accourt se présenter,
De héros une race; elle fait regretter
Pour son propre pays une ardeur exclusive.
Je passe Romulus; Numa d'abord arrive,
Lumière de l'État et son vrai fondateur :
De ses farouches fils le penchant destructeur,
Par lui fut adouci. Servius, politique
Posant le fondement sur qui la république
S'éleva pour s'étendre à l'univers entier.
Mais je vois les consuls à mes regards briller,
Augustes, imposants. Brutus, juge sévère
Qui sachant réprimer ses sentiments de père
Triste, pourtant ne songe au milieu du Sénat
Qu'à remplir le devoir de père de l'État (1).
Pour prix de ses bienfaits payé d'ingratitude,
Camille, à servir Rome il voua son étude,
Et d'elle ne punit que ses seuls ennemis.
Fabricius, de l'or à qui tout est soumis,
Méprisant le pouvoir. Cincinnatus qui laisse
La charrue et surgit, gloire d'une autre espèce.
Et Carthage, celui qui de ta cruauté
Victime volontaire (2) et, sans être arrêté
Par les efforts que font en cette conjoncture
La voix de l'amitié, celle de la nature,
Celle d'une cité, marche résolument
Au supplice qui doit acquitter son serment.

(1) Marcus Junius Brutus.
(2) Regulus. (*Notes du traducteur.*)

Scipion, noble chef, compatissant et brave,
La gloire de bonne heure en a fait son esclave.
Plein de jeunesse encor, par de plus doux plaisirs
Heureux, dans la retraite il charme ses loisirs
Au sein de l'amitié, de la philosophie.
Tullius, lui qui tient au gré de son génie
De Rome quelque temps les destins balancés.
L'invincible Caton, vertueux à l'excès.
Infortuné Brutus, toi dont l'âme était bonne,
Mais qui fier d'arracher une indigne couronne,
Par le poignard romain, vengeur de la vertu
Fis tomber ton ami sous tes coups abattu.
Ah ! de leur vive gloire en étalant l'image,
Combien d'autres des vers me demandent l'hommage !
Mais qui pourrait compter les étoiles du ciel,
Marquer sur l'univers leur pouvoir éternel !

Voyez qui resplendit en sa grandeur si belle ;
Pur comme le soleil en la saison nouvelle !
C'est ou Phébus, ou bien le berger Mantouan,
Mais Homère apparaît. Aigle au sublime élan
Père de l'harmonie ! A ses côtés, rivale
La muse des Anglais s'avance son égale.
Chacune des deux marche en se donnant la main ;
Et de la renommée a trouvé le chemin.
A touche pathétique, en même temps savante,
D'autres ombres la foule est-elle donc absente,
Elle qui sur la scène allait chercher le cœur,
Et dont Athène aima le prestige vainqueur ;
École de morale où notre cœur s'épure?
Et d'autres dont la voix mélodieuse et pure
A la lyre emprunta les plus aimables chants ?

Images qui flattez, épurez mes penchants,

Douce société, la meilleure de toutes ;
Du vrai bonheur, ô vous qui m'enseignez les routes ,
Ne m'abandonnez pas ; embellissez mes nuits ,
Ah ! je vous les consacre. En recueillant les fruits ,
Au ton de vos pensers que mon âme s'élève !
Silence ! heureux pouvoir ! que ton œuvre s'achève !
Cèle ma porte , fais que de mes doux loisirs
Un indiscret jamais ne trouble les plaisirs !
Introduis seulement certains amis d'élite
Qui daignent quelquefois d'une aimable visite,
Charmer mon humble toit : tous , d'un goût épuré ,
D'un savoir étendu, surtoût bien digéré ,
Dans leur parler naïf de pieuse croyance,
Et dont la bonne humeur anime la science.
Me trompé-je, je crois au gré de mon transport ,
Que du haut du Parnasse abaissant son essor ,
Pope viendra toucher le seuil de ma demeure ,
De l'étude pour moi marquer et bénir l'heure ,
De son génie au mien infuser la chaleur,
Et lui faire goûter tous les plaisirs du cœur ?
Car s'il n'efface pas Homère (1) en harmonie ,
Aucun chant néanmoins n'est plus doux que sa vie.

Hammond , où donc es-tu ? toi devenu l'orgueil
Des amants des neuf sœurs dont tu causes le deuil ;
Toi leur ami, jeune homme ? à la fleur de ton âge
Lorsque dans leurs progrès chaque jour davantage
Ton mérite précoce et ta mâle vertu
Frappaient nos yeux. Pourquoi nous abandonnas-tu ,
Pourquoi sévrer l'espoir de notre âme charmée ?
A quoi sert maintenant la soif de renommée
Qui brûlait dans ton cœur ; ce trésor de savoir

_____

(1) On sait que Pope a traduit Homère. (*Note du traducteur.*)

De bonne heure amassé ; cette ardeur de vouloir
Cet amour du pays , dont plus d'une jeune âme
Digne de son renom , nourrit chez nous la flamme ?
A quoi bon cet esprit séduisant , éveillé ,
Cet amour pour la muse , à la vive amitié
Ce cœur toujours ouvert ; ce joyeux caractère
Que venait embellir d'une douce lumière
Tes aimables vertus ? . . . . . Ah ! ta désertion
Doit désormais suffire à notre instruction :
Elle abat les projets dont notre orgueil se vante ,
Et nous dit que la vie est chose décevante.

Ainsi dans quelque asile à l'écart confiné ,
J'exerce mon esprit sur un thême donné ;
Avec quelques amis d'aimable caractère
Tristes ou gais , selon le ton de la matière ,
De l'hiver passeraient les soirs ; nous enquérant
Si la création a surgi du néant
En certain temps , ou si dans son pouvoir suprême ,
L'Éternel l'a lancée éternelle elle-même.
L'investigation voudrait connaître enfin
Et sa vie et ses lois , et sa marche et sa fin.
De ce grand tout après le sublime miracle
Déploîrait par degrés un plus vaste spectacle ;
Notre âme s'ouvrirait pour mieux le contempler.
Dans l'immense tableau qui vient se dérouler
Nos yeux surpris verraient , épris de sa magie ,
Dans la perfection s'unir chaque harmonie.
De là nous tomberions sur le monde moral
Si bien organisé , quoiqu'il le semble mal ,
Accordé , dirigé des mains de la sagesse ;
D'où le bien général naît , résulte sans cesse.
La muse de l'histoire éclaire notre ardeur ,
Des siècles reculés sonde la profondeur ,

Des empires détruits soulève la ruine,
Elle montre comment chacun brille, décline,
Tombe; des nations ce qui fait le bonheur,
Fertilise leur sol et du climat vainqueur
Leur donne deux soleils; tandis que de lumière
Où l'astre constamment inonde l'atmosphère,
Des peuples sous les cieux les plus favorisés
Aux rigueurs de la faim sont sans cesse exposés;
Jusqu'au transport alors s'exalterait notre âme
Et s'assimilerait dans sa brûlante flamme
A cette portion de la divinité,
A ce rayon des cieux, le plus pur en clarté
Qui vient illuminer l'âme du patriote,
Ou celle du héros. Que si le sort nous ôte
L'espoir de réussir, réprime notre élan,
Si nous sommes, hélas! au-dessous d'un tel plan,
Abandonnant alors ces sphères élevées,
Nous nous exercerions à des vertus privées:
Notre esprit parcourrait les plaines et les bois,
Et là de la nature écouterait la voix.
Rêveurs nous coulerions une champêtre vie,
Ou distraits par des soins bien plus dignes d'envie,
Élancés en idée aux champs de l'avenir
Qui quoiqu'obscurs pour nous, flattent notre désir,
Nous anticiperions les scènes glorieuses,
Scènes d'étonnement, où les âmes heureuses
Plus pures par degrés, dans l'infini montant
Poursuivent dans les cieux leur essor éclatant,
Toujours changeant d'état, toujours changeant de monde.
Las de cette recherche et savante et profonde,
Nous laissons des pensers pour nous trop sérieux;
L'imagination vient nous prêter ses jeux,
Ses scènes si souvent fantasques, hasardées,
Et nous associons une foule d'idées

Entr'elles sans lien ; dont l'esprit raffiné
Fait jaillir tout à coup un rire inopiné ;
Ou sous sa gravité déguise leur folie
Et donne plus de sel à la plaisanterie.

Cependant au village on réveille le feu.
D'un revenant l'histoire attestée en ce lieu
Pareillement est crue et parmi l'assistance
Circule, produisant le plus profond silence ;
Tant qu'enfin la frayeur glace chaque écoutant.
Ou de rustiques bonds que l'on forme en sautant
La pièce retentit. Ame de tout ce monde
La champêtre gaîté fait alentour sa ronde.
Quelques simples bons mots enchantent le berger,
Qui s'amuse de peu. Là, sans rien ménager
Il rit à longs éclats, rire du moins sincère !
Là parfois il dérobe à la svelte bergère,
Un baiser sans qu'elle ait l'air de le soupçonner,
Ou que feignant dormir elle laisse donner.
On se tire, on se pousse, on gambade, l'on danse
Pour musique l'on suit la native cadence.
A la campagne ainsi s'écoule un soir d'hiver.

La foule en la cité passe comme l'éclair.
Les lieux publics sont pleins, on traite chaque thème ;
On s'entête, on s'échauffe et l'entretien lui-même
A chaque instant se change en murmure confus.
Blasés par le plaisir, ne se connaissant plus,
Les fils de la débauche à son ivresse en proie
Nagent dans le torrent d'une infidèle joie,
Qui s'échappe bientôt. Mais du jeu la fureur
Dans l'âme déréglée allume son ardeur,
En un abîme affreux de ruine commune
Plonge honneur, vertu, paix, famille, amis, fortune.

Dans le salon pompeux où se mêlent les pas,
La danse développe , embellit mille appas.
De la royale cour le luxe se surpasse ;
Le cercle toujours croît. Jaillissant avec grâce
Des flambeaux , du reflet des riches vêtements,
Des yeux étincelants , rivaux des diamants ,
Un doux rayonnement sur le palais scintille ;
Tandis que glorieux de l'éclat dont il brille
Insecte qui ne doit goûter qu'un jour d'été,
Le freluquet voltige avec légèreté.

Mais l'ombre de Hamlet s'avance sur la scène,
Du fougueux Othello la fureur se déchaîne ;
Monime gémissante apparaît à son tour,
Et de Belvidéra l'âme est toute à l'amour.
L'effroi serre les cœurs , les larmes enfin coulent ,
Ou bien dans les tableaux que ses jeux leur déroulent ,
Aux spectateurs, Thalie au gré de son pouvoir
Présente de leurs mœurs le fidèle miroir ,
Et joyeuse fait naître un rire légitime.
Quelquefois on la voit prendre un ton plus sublime ;
De la société tout ce qui fait l'honneur,
Sous des traits vertueux, tout ce qui plaît au cœur,
Le généreux Bevil (1) à nos regards le montre.

O Chesterfield , ô toi , dans qui chacun rencontre
La sagesse solide , épurée à la fois ,
Le zèle généreux à défendre nos droits ;
De qui la politique en ressources féconde
Met en jeu des ressorts qui dirigent le monde ,
Et qui joins à ces dons , des grâces couronné

---

(1) Personnage des *Amants sincères*, p'èce de sir Richard Steele.
(*Note du traducteur.*)

Les attributs riants dont elles ont orné,
Tout le feu qu'Apollon à ses favoris donne
Avec la dignité qui toujours environne ;
Aimable, et qui du monde au gré d'un art charmant
Fais reconnaître en toi l'instructeur, l'ornement ;
Permets, lui souriant, que ma muse champêtre
Pare de ton beau nom le chant qu'elle a fait naître,
Avant qu'humble elle fuie en l'épaisseur des bois.
Sa grande ambition consiste, tu le vois,
A marcher sur tes pas (courtisant ton mérite,
En effet chaque muse aime à former ta suite).
Elle voudrait marquer tes talents variés,
Ce mépris qui te pousse à fouler à tes pieds
En cœur anglais que rien ne séduit, ni n'effraie,
Toute corruption que le pouvoir essaie ;
Cette fleur de bon ton, de goût, d'urbanité
Qui même de l'aveu du Français (1) si vanté,
De sa brillante cour efface les manières ;
Cet esprit si piquant et ces touches si fières,
Touches de la nature elle-même, en leur cours
D'un sel vraiment attique assaisonnant toujours
Une fine satire avec art tempérée ;
Dont la pointe légère et pourtant acérée
Réveille notre esprit, pénètre notre cœur
Et guérit nos défauts, sans causer de douleur :
Mais si brûlant encor d'une plus vive flamme,
La cause du pays vient échauffer ton âme,
Dans ces jours glorieux combien j'aime à te voir
Quand les fils d'Albion dont tu formes l'espoir
Courent dans le sénat écouter ta parole !

---

(1) Tout en rendant une parfaite justice au mérite de Chesterfield, soit comme homme, soit comme auteur, nous ne croyons pas avoir besoin de répondre à cette attaque, dont chacun sentira l'injustice. (*Note du traducteur.*)

Vêtue alors par toi , mais sans changer de rôle ,
L'aimable vérité de la persuasion
Prend le ton , la couleur : l'inflexible raison
Qui seule contre nous a de si fortes armes
En marque le triomphe ; elle y puise ses charmes.
On voit les passions , soumises à tes lois ,
Répondre à ton appel , fidèles à ta voix ,
Et l'esprit de parti , malgré sa répugnance ,
Est forcé d'avouer ta magique puissance ,
Quand de ton éloquence épanchée à longs flots
Et nous émerveillant par des secrets nouveaux ,
Le torrent tantôt lent et tantôt plus rapide ,
Énergique, toujours d'une clarté lucide ,
Magnifique poursuit son cours victorieux.

Retourne maintenant à ton asile heureux ,
O muse, il en est temps. La salubre gelée
Tardive, énfin sévit , par nos vœux appelée.
Sur la face des cieux d'un bleu clair, azuré ,
Trop ténu pour notre œil , court le nitre éthéré.
En tuant des brouillards la vapeur ennemie,
Il vient fournir à l'air des principes de vie.
L'atmosphère lucide enlace étroitement
Nos corps et les étreint d'un froid embrassement ,
Restaure notre sang redevenu plus libre ,
Épure nos esprits , retrempe chaque fibre.
Vers le cerveau les nerfs pour dernier résultat
Montent plus vifs : alors, dans son nouvel état
L'âme unie en un point, intense , froide , agile ,
Brille comme le ciel, comme l'air est subtile ;
Du vigoureux hiver le pouvoir fécondant
A frappé la nature ; elle qui , cependant ,
Pour l'ignorant n'étale a présent que ruine.
La glèbe par la glace et se cuit et s'affine ;

Y puise abondamment tous les sucs végétaux.
Ils fermentent pour l'an , source de fruits nouveaux ,
D'un plus ardent éclat se peint le feu rougeâtre ;
Et prodigue de flamme il illumine l'âtre.
Pendant que le courant entraîne au loin leurs eaux ,
Des rivières plus purs on voit couler les flots,
Lucides du berger elles sont le spectacle ;
Et murmurent plus haut pressentant un obstacle.

O gelée , apprends-moi d'où naissent tes trésors ;
Et toi-même qu'es-tu ? par quels secrets ressorts
Te saisis-tu de tout dans ta course rapide ;
Même enchaînant le pas de l'agile fluide?
Dois-tu ton énergie et ton activité
A des sels ou crochus ou tranchants de côté ,
Répandus sur les eaux , dans les airs , sur la terre?
C'est ainsi quand le soir descend avec mystère
Qu'âprement exhalé du bout de l'horizon
Un vent glacé qui vient de quitter sa prison ,
Et que l'hiver arma d'une terrible rage ,
Se cramponne sur l'onde en un brusque passage ,
Et malgré sa furie enchaîne le courant.
La glace aux feux du jour lâche le flot errant ;
Plus qu'à demi dissoute elle a cessé de bruire ;
Mais aux bords se maintient et garde son empire ,
Ou forme un rond pierreux d'aspérités garni ,
Pavement de cristal d'un dur ciment uni
Par le souffle du ciel ; tant que de rive en rive
Enfermée au-dessous gémit l'onde plaintive.
Le sol sous les effets que la glace produit
A l'oreille aisément transmet un double bruit.
Au village , le chien , bruyante sentinelle
Y trompe du voleur la veille criminelle ,
La génisse mugit. En son jaillissement

De la cascade croît le retentissement
Apporté par le vent ; de l'écho répétée
Du voyageur tremblant la démarche hâtée
L'annonce dans la plaine ; à cette heure les cieux
De mondes infinis le siége radieux
Lancent tout leur éclat : à nos yeux dévoilée
Du magnifique azur la splendeur étoilée
Brille d'un pôle à l'autre ; et des pôles enfin
Maîtresse, en étendant son sceptre souverain
Sans obstacle prévaut la rigide influence.
Dans la tranquille nuit, témoin de sa puissance,
Incessante, obstinée et pleine de vigueur,
Bourreau de la nature, elle perce son cœur.
Après beaucoup d'efforts la froide matinée
Lève tardivement sa face consternée
Sur un monde abattu ; c'est lorsque le jour luit
Que l'on peut discerner le travail de la nuit :
Aux toits, à la cascade où règne le silence,
Dont les torrents oisifs gardent leur apparence,
Des glaçons suspendus les fantastiques traits,
Les fugaces reflets, les bizarres portraits,
Enfants de la gelée ; élancé de sa source
Le flot qui ruisselait, au milieu de sa course
Fixé sur la colline, aux rayons du soleil
Scintillant froidement, sorti de son sommeil ;
Sous l'ondoyant duvet fardeau de chaque branche
La forêt qui s'incline ; et la neige plus blanche
Qu'épure la gelée et qu'incrustent ses feux,
Qui craque sous les pas du pâtre matineux,
Soit que pensif il erre à travers la campagne
Pour guider son troupeau, soit que de la montagne
Dans son ardeur joyeuse il descende en glissant.

D'un court repos l'hiver quand l'homme est jouissant,

La jeunesse livrée à des jeux de son âge,
Sur les solides eaux en son humeur volage
S'assemble ; c'est le lieu des divertissements.
Sur le même terrain dans ces heureux moments,
Plus gaie encor d'enfants une troupe folâtre
Tourmente le sabot (1) dont elle est idolâtre.
Où le Rhin se divise en de larges canaux,
De cent lieux à la fois, libre de ses travaux,
Arrive le Batave, et lorsque sur la glace
Les nombreux patineurs glissent avec audace,
Et gardent l'équilibre en leurs cercles divers,
Aussi prompts que le vent rasant les flots amers ;
Le sol tout alentour se meut, bondit de joie ;
A cette ardeur aussi les cours du Nord en proie,
Étalent sur la neige un faste inusité,
Et viennent disputer le prix de la célérité ;
La jeunesse en traîneaux s'élance impétueuse,
Jalouse en ce concours d'être victorieuse ;
Par leur présence encore animant le débat,
Rayonnantes de pair, du plus vif incarnat,
On y voit les beautés de la Scandinavie,
Et les vierges, trésor qu'au Russe l'on envie.

Pur, rapide, joyeux, le jour touche à sa fin ;
Car son astre à midi du couchant est voisin.
Il va frapper le roc qui, hérissé de glace,
Brave cette clarté timide, inefficace.
De leur bleuâtre éclat brillent toujours les monts,
Et d'un pâle soleil repoussent les rayons.
A peine le vallon qui ressent leur atteinte,
Sous les rais réfléchis s'amollit et suinte.
Ou bien au front du bois formée en pelotons,

---

(1) La toupie, jeu également connu en France. (*Note du traducteur.*)

La neige en s'échappant disperse aux environs
Comme autant de milliers de pierres précieuses,
Qui doivent au soleil leurs teintes radieuses.
En foule cependant les avides chasseurs,
D'armes à feu munis et de chiens destructeurs,
Qui dès que le coup part sur le gibier s'élancent,
A désoler les champs avec ardeur commencent;
Par leurs amusements, redoutable fléau,
Pire que la saison qui met tout au tombeau ;
Et détruisent au gré de leur fureur charmée
Et l'espèce velue et l'espèce emplumée.

Qu'ai-je dit toutefois ? faible enfant, notre hiver
Dans ses proportions peut-il aller de pair
Avec celui que voit la zone glaciale
Apparaître géant ? Là, sans nulle intervalle
Durant des mois la nuit et ses astres brillants
Règnent sur des déserts de clartés rayonnants.

C'est en des lieux pareils d'une immense étendue,
Dont la nature eut soin d'interdire l'issue
Qu'erre l'exilé russe ; à ses tristes regards
Ce théâtre de deuil n'offre de toutes parts
Que des déserts perdus et cachés sous la neige,
Des bois que son poids courbe ou sa fureur assiége ;
Des flots solides, durs, au nord se dirigeant,
Dont la mer glaciale attend le contingent ;
Et dans l'éloignement des villes désolées
Après un an d'attente un moment consolées
En entendant encor parler du genre humain,
Lorsque la caravane achève son chemin
Vers le riche Cathay (1). Pourtant ici la vie

(1) L'ancien nom de la Chine. (*Note du traducteur.*)

Comme ailleurs est connue et comme ailleurs chérie.
C'est dessous ces terrains où la neige reluit,
Là que des nations ont placé leur réduit.
Là chacun est vêtu de la chaude fourrure
Que fournissent l'hermine exempte de souillure,
Et semblable à la neige où s'impriment ses pas,
La noire zibeline, hôte de ces climats,
Et d'autres animaux de couleurs différentes
Ou dont le poil est teint de nuances changeantes ;
Dépouilles, cependant que voyant d'un autre œil,
Nous payons chèrement pour flatter notre orgueil.
Là de daims étendus sur la neige naissante
Côte à côte s'endort une foule innocente ;
Et l'élan lève à peine un front qu'il a fléchi
Vers l'abîme sans fond que la neige a blanchi ;
Le barbare chasseur pour atteindre sa proie,
N'a besoin ni de chiens éclaireurs de la voie,
Ni de carquois, ni d'arc lançant de loin la mort
A l'animal qui fuit pour éviter son sort.
Le sauvage habitant chargé d'une massue,
Presse les animaux qui cherchent une issue
Et courent se heurter contre les flancs du roc
Qui déchirent les leurs trop tendres pour le choc.
Il porte un coup, du sang de son gibier sans vie
La blancheur de la terre à l'instant est rougie.
D'un facile succès le bourreau réjoui
Traîne en poussant des cris sa victime chez lui.
Dans le sein de forêts informes, rabougries,
Où languissent des pins aux tiges appauvries,
Rude et dur habitant de cet affreux séjour,
Rarement consolé par les regards du jour,
Et qu'il occupe seul, horrible et lourde masse,
L'ours chemine, le poil tout hérissé de glace ;
Il s'avance à pas lents ; et plus les éléments

Dans leur âpre rigueur, se montrent incléments,
Plus il creuse son lit sous la terre glacée,
Et ferme, dédaignant toute plainte insensée
S'habitue en stoïque à souffrir le besoin.

Dans ces pays du Nord qui s'étendent au loin,
Sous le ciel rigoureux où l'ourse vigilante
De son char paresseux hâte la marche lente,
Une autre race encor que harcèle Caurus (1),
Connaît peu la douleur, le plaisir guère plus ;
Féconde, elle s'accroît. Réveillant le courage
D'un monde qui dormait au sein de l'esclavage,
Soudain, horde sur horde (2), en leur élan hardi,
Ils fondirent un jour sur les champs du Midi.
Tout s'effaçait devant leur course impétueuse.
Invincibles, au gré d'une conquête heureuse,
A ces peuples soumis ils donnèrent des lois.
Tels ne sont pas sans doute, étrangers aux exploits
Les paisibles Lapons : ils méprisent la guerre,
Ils l'appellent barbare, absurde, et de la terre
Attendent simplement ce qu'elle veut donner.
L'amour de leur pays peut seul les dominer.
Ils chérissent ces monts qui menacent leurs têtes ;
Trouvent même du charme à la voix des tempêtes.
Nul désir, nul besoin, fils de la vanité,
Ne vient troubler le cours de leur tranquillité,
Et ne les fait passer par la mer orageuse
Où voguent le plaisir, l'ambition trompeuse.
Leurs rennes sont leurs biens. Ce peuple leur doit tout,
Vêtements, tentes, lits, mets qui flattent son goût,
Salutaire boisson, dont il fait ses délices,

---

(1) Le vent du nord-ouest.
(2) Les hordes errantes des Scythes. (*Notes du traducteur.*)

Meubles , même docile à leurs moindres caprices ,
Le renne à l'instant vient s'atteler au traîneau.
De colline en vallon , de vallon en coteau ,
Par leurs maîtres guidés , ils dévorent l'espace ;
Franchissent avec eux la neigeuse surface
Dans le lointain semblable à du marbre schisté
Qu'une glace bleuâtre a partout incrusté.
Dans leurs profondes nuits sous le cercle polaire ,
Un jour brillant parfois les frappe et les éclaire :
Le météore errant , qui sans cesse agité
Projette un vif éclat par le ciel refracté ;
Des lunes dont la face à chaque moment change ;
Des astres rayonnants et dont l'image étrange
Luit encor mieux parmi la sombre obscurité ;
Ils mettent à profit leur propice clarté,
Soit qu'en chassant leurs pas s'égarent dans la lande ,
Soit qu'un besoin les guide aux foires de Finlande ;
Le printemps désiré revient ; du sud brumeux
De l'aurore le char s'échappe nébuleux ;
Et pâle , elle paraît dans le ciel la première.
L'astre resplendissant suit la jeune courrière ;
Mais sans force d'abord , à pas lents s'avançant ,
Il montre par degrés son flambleau renaissant.
Il opère pourtant sa course circulaire ,
Pendant des mois entiers il répand sa lumière ,
Source pour eux de joie et leur plus grand trésor.
Chaque soir , dans les flots plongeant son disque d'or ,
Ses feux le lendemain illuminent le monde.
C'est dans cette saison que sa chaleur féconde,
Que leurs lacs , leurs torrents regorgent de poissons , .
Et donnent aux Lapons de faciles moissons ,
Où du pur *Niémi* (1) les coteaux reverdissent ,

---

(1) M. de Maupertuis, dans son livre sur la figure de la terre , après avoir

Ou du clair *Tenglio* (1) les roses refleurissent.
De leur pêche chargés ils retournent chez eux ,
Et cessent leurs travaux. Avec un air joyeux ,
Leurs fidèles moitiés , d'une ardeur diligente
Suscitent d'un feu vif la flamme pétillante.
Race heureuse cent fois ! toi , dont la pauvreté
Brave le fisc avare et sa rapacité ;
Et chez qui l'intérêt corrompant la justice ,
N'a pu faire germer les semences du vice ;
Où le pâtre sans tache et dans ses mœurs réglé ,
De désirs criminels ne se sent pas troublé,
Où la vierge en sa fleur , honorée et chérie
Par l'impudique amour ne fut jamais flétrie !

Mais la muse a franchi dans son vol hazardeux
Le lac de *Tornéo* , puis l'*Hécla* , dont les feux
S'élancent par torrents d'un cratère de neige.
Toujours seule au *Groenland* un moment elle siége ,
Elle va plus avant , touche au pôle glacé ,
Ou s'éloignant bientôt , toute vie a cessé.
Alors avec stupeur planant sur l'étendue,
D'autres mers, d'autres cieux paraissent à sa vue (2).
Sur son trône au milieu d'un palais radieux ,
Qu'une éternelle glace éclaire de ses feux ,

---

décrit le beau lac et la montagne de *Niémi* , en Laponie , dit : « De cette hauteur
» il nous fut facile de voir plusieurs fois s'élever du lac de ces vapeurs que les
» habitants du pays nomment *haltios* , et qu'ils pensent être les esprits gardiens
» de la montagne. On nous avait effrayés par des contes d'ours qui hantaient ces
» lieux : mais nous n'en vîmes aucun. Cette place semblerait plutôt faite pour
» servir de rendez-vous aux fées et aux génies qu'aux ours. »

(1) Le même auteur fait cette observation : « Je fus surpris de voir sur les
» bords de cette rivière (*le Tenglio*) des roses offrant des couleurs aussi vives que
» celles qui naissent dans nos jardins. » (*Notes recueillies par le traducteur.*)

(2) L'autre hémisphère. (*Note du traducteur.*)

L'hiver tient là sa cour : cour affreuse et bruyante,
Dans ses salles mugit la tempête effrayante.
C'est là que le tyran qui prépare ses coups,
D'une gelée aiguë arme les vents jaloux,
Moule la rude grêle et forme en sa colère
La neige qui désole à présent l'hémisphère.

Elle vole vers l'est pour achever son tour
Aux lieux que le Tartare a gardé pour séjour ;
Elle longe la mer à ses pieds mugissante.
Qu'y voit-elle ? En amas une neige croissante,
Et qui ne fond jamais s'élever jusqu'au ciel ;
Des monts de glace affreux qu'en son effroi mortel
A leur blancheur, leur forme, au sein de ces parages
De loin le matelot croit être des nuages ;
Ces monts ou s'élançant, dominent dans les airs,
Hideux, démesurés, ou bien au fond des mers
De toute leur hauteur à la fois ils s'écroulent,
Suivent avec fracas les vagues qui les roulent,
Et fatiguent les flots qui cèdent à ce poids ;
Image du chaos qui rentre dans ses droits.
Sur son axe solide ils font trembler le pôle.
Lui-même l'océan, que leur rage désole,
Malgré tous ses efforts, par le froid enchaîné
A cessé de mugir, de son calme étonné.
On ne remarque plus sur sa pâle surface
Que des rocs velus, noirs, surgissant dans l'espace.
Ici tout est muet : la vie a déserté
Pendant ces rudes mois un séjour détesté.
Malheur aux marins pris dans ces glaces flottantes
Au moment où du jour les clartés expirantes
Délaissent l'horizon ; quand une longue nuit
Que présage de mort, un froid rigoureux suit,
Venant envelopper les plages de ses ombres.

Sur les tristes vaisseaux jette ses voiles sombres !
Et tel fut cependant le destin d'un Anglais.
Il osa le premier (car le danger jamais
Arrêta-t-il ce peuple) essayer un passage,
Essai renouvelé toujours avec courage,
Et toujours vainement ; jalouse du succès
La nature en ces lieux interdit tout accès.
L'infortuné surpris dans le golfe d'*Arzine*,
A heurté de la proue une glace assassine.
Son navire à l'instant y demeure scellé.
Tandis que l'équipage à la hâte appelé,
En ce péril pressant s'agite et s'évertue,
Chaque homme tout à coup se transforme en statue.
Le matelot se trouve aux cordages fiché ;
Et sur le gouvernail le pilote attaché.

Auprès de cette rive inculte , désolée
Où l'*Oby* roule mal une onde congelée,
Paraissent végéter les derniers des humains.
Recevant à demi dans ces pays lointains
De l'astre bienfaisant les clartés fécondantes
Qui développent l'homme aussi bien que les plantes ,
La nature s'y montre en ses plus rudes traits.
De l'intraitable hiver pour repousser les traits ,
Dans des antres profonds qu'occupe leur misère ,
Auprès d'un triste feu, d'une plus triste chère ,
Les habitants luttant contre l'obscurité ,
Traînent leur existence avec grossièreté ;
Du froid le plus extrême ils sentent les injures ,
Et sont ensevelis dans d'épaisses fourrures.
Les bons mots , les chansons , de là sont exilés ,
La tendresse jamais ne les a consolés.
Aucun être vivant autour d'eux ne s'assemble ,
Si ce n'est l'ours hideux , hôte qui leur ressemble.

Du matin cependant les rais décolorés
D'une assez longue aurore illuminent leurs prés.
Il remplace à regret les ténèbres qu'il chasse
Et donne à son retour le signal de la chasse
Au barbare sauvage armé de son carquois.

Mais un gouvernement aidé de sages lois,
Réformant les humains, que ne peut-il pas faire ?
Un mortel inspiré par le ciel qui l'éclaire
Sur ces bords a vengé de leur obscurité
Des peuples subsistant de toute antiquité,
Un empire fameux négligé par la gloire.
Pierre, nom immortel que consacre l'histoire !
O le premier des rois ! il plia leurs humeurs ;
De son pays sauvage, il adoucit les mœurs,
Il changea tout : ses rocs, ses marais infertiles,
Ses rivières, ses mers et ses fils indociles.
Et tandis qu'il domptait leur caractère brut
A leur ambition il montrait un grand but.
Ombres de ces héros dont le rare génie
Épuisa si longtemps une peine infinie,
A modeler le plan d'un bon gouvernement,
Réveillez-vous ; voyez en votre étonnement
Le prodige opéré. Voyez loin de son trône,
Ce prince sans égal mépriser la couronne
Et l'ombre d'un pouvoir jusque-là peu flatteur,
Dédaigner d'autres cours le prestige enchanteur,
Inspecter chaque ville, explorer chaque plage,
Et pour s'instruire errer de rivage en rivage.
Débarqué dans un port, du plus simple ouvrier
Déposant sa grandeur, exercer le métier ;
Du commerce, des arts, des armes, des sciences,
Sur sa route, partout, recueillir les semences !
Des trésors de l'Europe abondamment pourvu

Le sol qui l'a vu naître à la fin l'a revu.
De brillantes cités étalant leurs prestiges
Soudain de tous les arts attestent les prodiges ;
La campagne se pare, et la stérilité
Dans les déserts fait place à la fécondité ;
Des fleuves ont mêlé leur onde pacifique ;
L'Euxin entend mugir les flots de la Baltique,
Des monts sont aplanis ; d'innombrables canaux
Déversent en cent lieux les trésors de leurs eaux ;
Des flottes ont paru sur les mers étonnées
Qu'aucun esquif n'avait jusque-là sillonnées ;
Des bataillons nombreux combinant leur effort,
Répriment d'un côté l'Alexandre du Nord,
Ils imposent de l'autre à la race ottomane.
La paresse coupable et dont la honte émane,
L'ignorance et le vice ont quitté ce pays :
Le commerce, les arts, les armes réunis,
Forment un grand tableau qui brille en tout son lustre.
Ouvrage d'une main vraiment royale, illustre ;
Car ce que le génie et le pouvoir trouva,
Bien plus puissant encor l'exemple le grava.

Un soir pourtant les vents dont la pointe s'émousse
Murmurent au midi d'une voix lente et douce,
Et la gelée enfin se résout en dégel.
Le mont brille, a changé de face à cet appel,
Et des torrents neigeux que la pluie accompagne
Rapides, descendant, inondent la campagne.
Les rivières, alors, dont le courant grossit,
Franchissent tout obstacle, abandonnant leur lit,
Et soudain s'élançant du sommet des collines
Fondent de roc en roc sur les forêts voisines ;
Mille et mille torrents que la neige a gonflés,
Déchargent à la fois tous leurs flots rassemblés ;

Et partout où passant, leur rage éclate et tonne,
Écho de ces grands bruits, la plaine au loin résonne.
Des tristes, sombres mers dont le pôle glacé
S'environne, le flot maintenant courroucé,
A qui le vent du nord n'oppose plus d'obstacle,
Va s'enfler et produire une immense débâcle.
En ses mugissements entendez-vous la mer
De bruits inusités, se fendant, frapper l'air ?
A force de lutter elle rompt sa barrière,
En montagnes, au ciel s'élance tout entière.
Hélas ! combien je plains le léger bâtiment
Qui plein de malheureux essaie en ce moment
De chercher un abri contre une île de glace ;
En courant sur les eaux, lorsque la nuit menace ;
Quand de ces pâles lieux tout augmente l'horreur !
Oh ! des humains qui donc se sentira le cœur
De braver tant de maux dont la troupe se ligue ?
La dévorante faim, la mortelle fatigue ;
Des ondes et des vents l'affreux rugissement,
De la glace qui fond l'horrible craquement,
Qui cesse, mais bientôt renouvelle sa rage,
Et par de longs échos dans la nuit se propage !
Le fougueux *Léviathan*, sa suite avec fracas,
Tempêtent sur la mer, prolongent leurs débats :
Loin de la rive encor, rive inhospitalière,
Dans l'ombre l'on entend d'une voix rauque et fière,
Des monstres affamés qui redoublent leur cris,
Tout prêts à s'élancer dans la barque en débris.
Mais l'œil toujours ouvert, la divine sagesse
De ces infortunés soulage la détresse,
Et relève leur cœur déjà mort à l'espoir.
Aidés de sa lumière, ils parviennent à voir
La route qu'il faut prendre et suivre avec prudence
Pour tromper du destin la jalouse puissance.

C'en est fait, et l'hiver déployant son manteau
Enveloppe le monde en un vaste tombeau.
Les arbres dépouillés ont perdu leur ombrage ;
Et des oiseaux craintifs a cessé le ramage.
L'horreur étend partout son sceptre désolant.
Contemple, homme léger, ce spectacle accablant !
Et qu'il t'engage à faire un retour sur ta vie.
D'un peu de temps, s'il faut, contente ton envie.
Vois, ton printemps paraît ; l'été plein de vigueur
Le suit ; bientôt l'automne amortit ton ardeur ;
L'hiver met fin à tout. N'est-ce pas ton histoire ?
Où sont donc à présent tes vains désirs de gloire ;
Cette soif du pouvoir, ces rêves de bonheur ;
Ces soucis incessants qui dévoraient ton cœur ;
Ces jours mal employés, ces joyeuses orgies
Qui voyaient expirer les dernières bougies ;
Cet esprit inquiet, toujours se combattant,
Passant du bien au mal, indécis et flottant ?
Homme, j'ai décrit là toute ton existence ;
Elle est évanouie avec ton espérance.
La vertu, cet ami qui ne nous quitte pas,
Et vers un terme heureux sait conduire nos pas,
Survit. Quel nouveau jour tout à coup vient d'éclore !
Et la terre et les cieux sont enfantés encore.
L'Éternel donne l'ordre. A sa voix aussitôt,
La nature tressaille et s'éveille en sursaut ;
Tout respire et revêt une forme brillante,
Des douleurs, de la mort à jamais triomphante.
Le plan du Créateur, ce plan qui comprend tout,
Chaîne qui vient s'unir d'un bout à l'autre bout,
Se découvre et s'explique à présent que la vue
D'un plus vaste horizon mesure l'étendue.
Vous qui dans votre erreur, sages présomptueux,
D'injustice souvent avez taxé les cieux ;

Maintenant confondus, du sein de la poussière, .
Vous révérez celui chez qui tout est lumière.
Vous concevez pourquoi le talent méconnu
Vécut dans l'indigence et mourut inconnu ;
Pourquoi l'homme de bien au lieu de récompense
Ne recueillit jamais que peine et que souffrance ;
Pourquoi dans l'abandon et solitairement
La veuve et l'orphelin traînaient leur dénûment ;
Tandis qu'en sa demeure où règnait l'opulence
Et dédaigneux des pleurs que versait l'indigence,
Le riche las de tout, à ses tièdes désirs
Promettait chaque jour de coupables plaisirs ;
Pourquoi la vérité, du ciel auguste fille,
La sagesse, malgré l'éclat dont elle brille,
Rencontrant sur leurs pas la superstition,
Ne pouvaient éviter sa persécution ;
Pourquoi, ver dévorant, en notre âme inquiète
Se glissait si souvent une peine secrète,
Qui venait nous troubler même au sein du bonheur.
O vous, si peu nombreux, restés purs, dont le cœur
Ici bas se raidit, lutte avec l'infortune,
Sur le point de maudire une vie importune,
Arrêtez ! . . . . . Votre vue en son faible rayon
N'embrassait que moitié d'un immense horizon.
Qu'est devenu le mal qui causait votre plainte ?
Triomphants, désormais, vous voilà hors d'atteinte.
L'hiver a fui, pour vous désarmé de rigueurs ;
D'un éternel printemps vous goûtez les douceurs.

HYMNE.

—

O père, tout puissant, être éternel, suprême,
Le cercle des saisons te figure toi-même;
Et l'année en son cours .... Elle est pleine de toi.
La beauté du printemps de ta beauté fait foi.
L'on reconnaît en lui ta bonté, ta tendresse,
Les prés alors, les champs, sont brillants de jeunesse,
L'air est doux, embaumé; de joyeux chants d'amour
Sont apportés des monts par l'écho d'alentour;
La forêt reverdie a tressailli de joie;
Et les sens et le cœur au plaisir sont en proie.
Ta gloire étincelant de toute sa splendeur,
Dans l'été se révèle avec plus de grandeur;
C'est alors que fidèle à sa marche ordonnée,
Ton soleil vivifie et féconde l'année.
Dans la foudre souvent nous entendons ta voix.
Durant le pâle automne encor combien de fois,
Lorsque l'aurore naît, quand le midi rayonne,
Où de voiles épais quand le soir s'environne,
Des forêts, des ruisseaux, les bruits harmonieux,
Du zéphyr soupirant le souffle gracieux,
Charme qui fait si bien ressentir ta présence,
Pour tout ce qui respire est une jouissance !
Mais dans l'hiver surtout que tu parais puissant !
De nuages affreux quand l'amas menaçant
Déroule autour de toi tempêtes sur tempêtes;
Sur les ailes des vents tu montes, tu t'arrêtes;
Et de là contemplant l'univers à genoux,
Armé des aquilons, tu lances ton courroux !

O changeantes saisons, quelle force divine
Quel occulte pouvoir vous règle et vous domine ?
En vous quel ordre simple et pourtant varié,
Toujours à nos besoins si bien approprié !
Où tant de beauté règne, unie à la largesse !
Ombres qui vous fondez avec tant de molesse
Dans l'ombre qui vous suit, votre accord merveilleux
Produit par son ensemble un tout harmonieux
Qui va se succédant en son nouveau miracle.
Pourtant l'homme étonné que frappe ce spectacle
A la brute semblable en son aveuglement,
Demeurant insensible à pareil mouvement,
N'admire pas la main qui seule avec mystère
Souveraine, régit, fait mouvoir chaque sphère ;
Agit au fond des mers, ensuite va versant
Avec profusion cet éclat renaissant
Dont se pare l'année aux mois chéris de Flore ;
Lance le jour sorti d'un rayon qui dévore ;
Nourrit tous les mortels, fait gronder l'ouragan.
Les saisons dans leur cours la décèlent chaque an ;
Sa vive impulsion dont leur marche est suivie
Anime, met en jeu les ressorts de la vie.

Nature, exauce-moi, plein d'un transport fervent,
Sous la voûte des cieux que chaque être vivant,
Dans l'adoration de celui qui l'anime,
En tombant à genoux se confonde et s'abîme ;
Qu'ils élèvent vers lui de longs concerts d'amour !
Vous brises qui naissez à l'approche du jour,
Vous quand le jour s'éloigne, en de tendres murmures,
Faites-le nous sentir par vos haleines pures.
Oh ! parlez-nous de lui dans l'épaisseur des bois !
Où debout sur un roc, et là bravant la voix
Des fiers autans, le pin à la tête géante,

Verse sous son ombrage une sainte épouvante;
Vous qu'on entend de loin , ô terribles autans
Qui faites tout trembler sous vos coups éclatants,
Venez nous révéler en rompant le silence,
L'être qui vous arma d'une telle puissance;
Célébrez sa louange, ô ruisseaux murmurants;
De votre aimable bruit charmez mes pas errants;
Impétueux torrents et profonds et rapides;
Vous , étalant l'orgueil de vos nappes humides ,
Ceintures du vallon, ô vastes amas d'eau,
Rappelez sa mémoire en des accords rivaux;
Majestueuse mer, ô monde de merveilles ,
De tes rugissements en frappant nos oreilles
Proclame le grand nom du maître souverain
Qui fait gronder ta voix, la fait taire soudain;
Fruits, herbes, fleurs, chargés d'un encens balsamique,
Qu'il monte vers celui qui d'un pouvoir magique
Vous dota de l'éclat dont vous vous décorez ,
Vous versa les parfums dont vous nous enivrez;
Forêts, en son honneur inclinez votre ombrage;
Des moissons se courbant qu'il reçoive l'hommage;
Que de leurs blonds épis le murmure enchanteur
Accompagne les pas du joyeux moissonneur.
Quand la reine des nuits caresse la nature ,
Vous répandez aussi votre clarté si pure ,
O vous gardiens des cieux , qui d'un soin diligent
Allumez sur leur front tant de lampes d'argent;
Tandis que des humains la foule en paix sommeille,
Que des cieux étoilés où leur cohorte veille,
Les anges de la lyre éveillant les accords
Font éclater leur joie et leurs brûlants transports.
Et toi, source du jour, océan de lumière
Du Créateur l'image , en ta vaste carrière
Donnant au sol la vie et la fécondité,

Que tes rayons partout gravent sa majesté !
La foudre a retenti , du front touchez la terre
Vous tous , mortels frappés d'un effroi salutaire ,
Pendant que son bruit roule en hymne solennel
De nuage en nuage , écho de l'éternel !
De bêlements lointains , résonnez , ô collines ;
Vous rochers dont la mousse a couvert les ruines ,
Retenez ces accents , en longs mugissements
O vallons , répondez à ces doux bêlements ,
Adressez-les au ciel : car le grand berger veille ;
Car il règne , et son règne , indicible merveille ,
Doit arriver ! bosquets , forêts , de votre sein
Sur des tons variés que des concerts sans fin
Ne forment qu'un concert quand chaque voix expire ,
Et que sur nous Morphée a repris son empire ,
O des chantres ailés le plus mélodieux
Dans l'ombre modulant tes sons harmonieux ,
A la nuit qui t'écoute et t'admire , en échange
De l'être souverain enseigne la louange !
Et vous pour qui tout prend un aspect si flatteur ,
De la création , vous , l'élite et la fleur ,
Humains de qui la race en nos cités fourmille ,
Couronnez ce grand hymne où l'allégresse brille ,
Au concert général mariez votre voix ;
Que perçant dans le chœur , elle monte parfois
Quand il cesse et qu'il fait des pauses solennelles ;
Et comme chaque flamme en nourrit de nouvelles ,
Que vos voix s'unissant , croissent , montent aux cieux :
Si pourtant des forêts le temple harmonieux ,
Vous charme , du berger que la flûte amoureuse ,
De la vierge des champs que la ronde joyeuse ,
Que les pieux concerts des brûlants séraphins ,
Du poète inspiré que les accents divins
Y célèbrent ce Dieu , des saisons toujours guide ,

18

Qui sur elle influe, à leur marche préside.
Pour moi si j'oubliais mes premiers passe-temps,
Soit lorsque la fleur s'ouvre au souffle du printemps,
Soit quand l'été dessèche et dévore la plaine,
Ou que de fruits l'automne arrive la main pleine,
Ou que le triste hiver assombrit l'horizon;
Que ma langue inhabile à produire aucun son
Se glace pour toujours; que venant à s'éteindre
L'imagination chez moi cesse de peindre,
Et que mort désormais à tout pur sentiment
Mon cœur ne batte plus, privé de mouvement!

Que le destin jaloux par un arrêt sévère,
Me relègue à son gré dans un autre hémisphère;
Vers les monts indiens, tristes, affreux climats,
Où le soleil levant marque ses premiers pas;
Où qu'il m'exile au sein des îles atlantiques
Que l'astre en se couchant frappe de traits obliques!
Que m'importe? partout Dieu n'est-il pas présent?
Ah! toujours l'œil le voit, toujours le cœur le sent,
Au milieu des cités, comme en la solitude.
D'un souffle il sait bannir toute sollicitude,
Et tout à son aspect respire le bonheur.
Quand arraché pourtant à mon thême flatteur,
L'heure m'avertira venant presser ma fuite,
Qu'à des mondes nouveaux il faut faire visite,
Je prendrai mon essor, satisfait d'obéir.
C'est là que mon talent se sentira grandir :
Que je pourrai chanter des merveilles sans nombre.
Je n'y trouverai rien de fâcheux ni de sombre.
L'amour seul y sourit : il nourrit de ses feux
Tous ces mondes et ceux qui sont engendrés d'eux;
De ce qui paraît mal fait jaillir le bien même,
Avec progression dans son pouvoir suprême,

Montre le mieux toujours : mais ici je me perds.
Il est temps de cesser de trop faibles concerts.
Je m'abîme en ton sein , ineffable puissance ;
Et pour mieux te louer , je te loue en silence.

ERRATA.

17 30 Au lieu de : Incliné vers le sol,
        Il faut lire : Incliné vers le soc,

50 3   Au lieu de : Le taureau, dévoré par le fer qui le brûle,
        Il faut lire : Le taureau, dévoré par le feu qui le brûle,

58 25 Au lieu de : De vins exquis en vain la saveur est unie
        Il faut lire : De Bacchus vainement la liqueur est unie

62 1   Au lieu de : Et recule à l'aspect d'un précipice affreux
        Il faut lire : Et tressaille à l'aspect d'un précipice affreux

72 12 Au lieu de : L'écleptique,
        Il faut lire : L'écliptique,

80 18 Au lieu de : Formé
        Il faut lire : Formée

83 19 Au lieu de : Tête par-dessus tête ; près d'eux, rangés en haie,
        Il faut lire : Tête par-dessus tête ; auprès, rangés en haie,

88 31 Au lieu de : Et méditaient : et c'est là qu'en extase ils sentaient
        Il faut lire : Et méditaient : c'est là qu'en extase ils sentaient

93 note (1) Au lieu de : La brise générale qui souffle constamment entre les
        tropiques de l'est, ou des points voisins de nord-est
        et de sud-est, causé par la pression de l'air raréfié
        sur celui qui le précède, selon le mouvement diurne
        du soleil de l'est à l'ouest.
        Il faut lire : La brise générale qui souffle constamment entre les
        tropiques, de l'est, ou des points voisins de nord-est
        et de sud-est, causée par la pression de l'air raréfié
        sur celui qui le précède, selon le mouvement diurne
        du soleil de l'est à l'ouest.

97 26 Au lieu de : Et prodigue en cela des plus rares faveurs,
        Épuisa sur ceux-ci ses plus belles couleurs
        Il faut lire : Et prodigue en cela de ses rares faveurs,
        Épuisa sur ceux-ci son luxe de couleurs

Page. Ligne.

134   1   Au lieu de : Ou s'arrondit en boule
          Il faut lire : Ou s'arrondit en boucle

149   3² Au lieu de : Ces prodiges divers, ces précieux bienfaits
                       Sont dus à l'industrie ; oui, voilà ses effets.
          Il faut lire : Ces prodiges divers, ces utiles travaux
                        Enfants de l'industrie, allégent tous nos maux.

151 22   Au lieu de : Le sort lui souriait, il parait son berceau.
          Il faut lire : Le sort lui souriait ; il para son berceau.

153   9   Au lieu de : Là, joyeux de sa vie et simple et pastorale,
                       Il mêlait avec goût l'élégance rurale,
          Il faut lire : Là, joyeux, à la vie et simple et pastorale
                        Il mêlait avec goût l'élégance rurale,

156 22   Au lieu de : Goûtant le sentiment de l'ineffable joie
          Il faut lire : Goûtant le sentiment de cette pure joie

158 31   Au lieu de : Tandis qu'enveloppé etc.
          Il faut lire : Tandis qu'enveloppés etc.

169   4   Au lieu de : Qui ruse toutefois, aime à les fourvoyer.
          Il faut lire : Qui rusé toutefois, aime à les fourvoyer.

174   3   Au lieu de : La hauteur qu'on voyait aux cieux lever le front
          Il faut lire : Les hauteurs qu'on voyait aux cieux lever le front

178 10   Au lieu de : Du rocher qui comme eux parmi leurs ouvertures
                       Laissant passer les eaux qui pénètrent leur sein,
                       Empêchent que leur cours aille se perdre en vain.
          Il faut lire : Le rocher qui comme eux parmi ses ouvertures
                        Laissant passer les eaux qui pénètrent son sein,
                        Empêche que leur cours aille se perdre en vain.

178 16   Au lieu de : Où l'argile compacte, en ces lieux renfermés ;
          Il faut lire : Ou l'argile compacte, en ces lieux renfermés ;

179 25   Au lieu de : La bande s'est préparée et dispose ses ailes,
          Il faut lire : La bande est préparée et dispose ses ailes,

181 13   Au lieu de : D'orea betubium tourmentant les sommets,
          Il faut lire : D'orea, betubium tourmentant les sommets,

Lille-imp. L Daniel

CPSIA information can be obtained
at www.ICGtesting.com
Printed in the USA
BVHW061926151222
654327BV00008B/750